LOW CARB

für Faule

The origin
Su origen

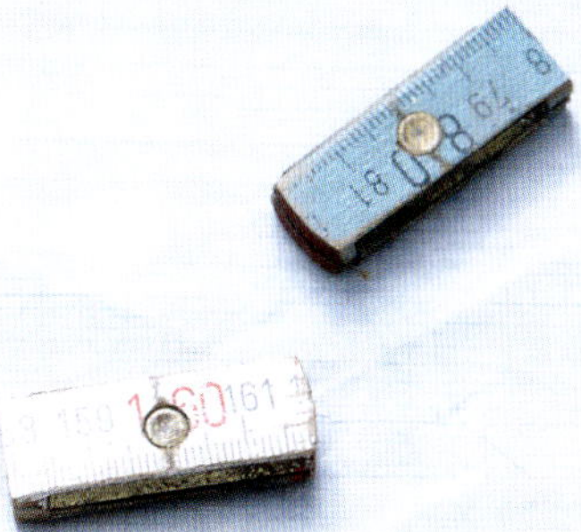

LOW CARB
für Faule

Text: Martin Kintrup
Fotos: Coco Lang

DIE GU-QUALITÄTS-GARANTIE

Wir möchten Ihnen mit den Informationen und Anregungen in diesem Buch das Leben erleichtern und Sie inspirieren, Neues auszuprobieren. Bei jedem unserer Bücher achten wir auf Aktualität und stellen höchste Ansprüche an Inhalt, Optik und Ausstattung. Alle Rezepte und Informationen werden von unseren Autoren gewissenhaft erstellt und von unseren Redakteuren sorgfältig ausgewählt und mehrfach geprüft. Deshalb bieten wir Ihnen eine 100 %ige Qualitätsgarantie.

Darauf können Sie sich verlassen:
Wir legen Wert darauf, dass unsere Kochbücher zuverlässig und inspirierend zugleich sind.
Wir garantieren:

- dreifach getestete Rezepte
- sicheres Gelingen durch Schritt-für-Schritt-Anleitungen und viele nützliche Tipps
- eine authentische Rezept-Fotografie

Wir möchten für Sie immer besser werden:
Sollten wir mit diesem Buch Ihre Erwartungen nicht erfüllen, lassen Sie es uns bitte wissen! Wir tauschen Ihr Buch jederzeit gegen ein gleichwertiges zum gleichen oder ähnlichen Thema um. Nehmen Sie einfach Kontakt zu unserem Leserservice auf. Die Kontaktdaten unseres Leserservice finden Sie am Ende dieses Buches.

GRÄFE UND UNZER VERLAG
Der erste Ratgeberverlag – seit 1722.

KV

FLOTTES FRÜHSTÜCK

RASCHE SNACKS & SALATE

TAKE-AWAY-MITTAGESSEN

WARME ABENDESSEN

LOW SWEETS

TAGESPLÄNE JEWEILS FÜR 1 PERSON

LOW CARB – GANZ EASY, GANZ FIX, GANZ FAUL …

Low-Carb-Konzepte schießen seit einiger Zeit wie Pilze aus dem Boden: Glyx-Diät, LOGI-Methode, South-Beach- und Atkins-Diät, Schlank im Schlaf. Haben Sie auch den Überblick verloren?

Wir machen Low Carb wieder alltagstauglich und bringen das Konzept auf den eigentlichen Kern zurück: **Die Reduktion von Kohlenhydraten im Allgemeinen – insbesondere aber der einfachen Kohlenhydrate wie Frucht-, Trauben- oder Haushaltszucker!** Diese lassen den Insulinspiegel unvermittelt stark ansteigen und sorgen so nach nur kurzer Zeit für unerwünschte Heißhungerattacken. Ein absolutes No-Go!

Zusätzlich fügen wir einen neuen, ganz wichtigen Faktor hinzu: **Die Faulheit!** Im Alltag lauert überall der Stress – in der Low-Carb-Küche hat er aber nichts verloren! **Alle Rezepte in diesem Buch sind daher – ohne großen Aufwand – innerhalb von höchstens 30 Minuten zubereitet oder wandern nach kurzer Vorbereitungsdauer nur noch für einige Zeit in den Ofen.** Alles ganz easy!

Dafür greifen wir zu einigen Tricks: Bei uns stehen allerlei bequeme Produkte auf der Einkaufsliste, die das Kochleben leichter machen. Wir verwenden beispielsweise dort TK-Gemüse, wo das Putzen und Zerkleinern des frischen Gemüses nervig und anstrengend wäre. Nehmen fertige Currypaste, wo man ansonsten ein großes Gewürzregal bräuchte.

Und auch der Einkauf bleibt faul: **Alle verwendeten Produkte sind im gut sortierten Supermarkt oder im Drogeriemarkt erhältlich.** Teure Proteinpulver, Mandelmehl oder andere Spezialprodukte sind tabu!

Zusätzlich haben wir uns eine goldene Regel für alle Low-Carb-Konzepte zum Prinzip gemacht: **Bei der Zusammenstellung der Rezepte wurde bewusst auf eine ausreichende Eiweißversorgung geachtet.** Dafür verwenden wir neben Fleisch, Fisch, Eiern und Milchprodukten auch immer wieder pflanzliche Eiweißspender wie Nüsse, Mandeln, Samen, Hülsenfrüchte oder Tofu. Eiweißreiche Kost macht zum einen länger satt und verhindert außerdem, dass zwischendurch die Knabberlust zuschlägt. Eine kulinarische Win-Win-Situation!

Haben Sie nun Lust, die faule Seite der Low-Carb-Küche zu entdecken? Dann auf die Plätze, fertig ... low!

LOW CARB – WAS IST DAS?

Ob Diät, allgemeine Ernährungsumstellung oder Lebensstil – Low Carb kann vieles sein! Primäres Ziel: die **Reduzierung von Kohlenhydraten** (in erster Linie Zucker und Stärke) **in der Ernährung.** Diese versorgen uns mit schneller Energie. Ist ihr Anteil in der Nahrung begrenzt, bezieht der Körper die benötigte Energie vorwiegend aus Fett und Eiweiß. Beide sind trotz hoher Energiedichte schwer verwertbar. Der Körper stellt seinen Stoffwechsel um und greift eigene Fettpölsterchen an. **Der berühmte Low-Carb-Effekt!** Ob Sie Low Carb als Ergänzung für den persönlichen Speiseplan oder als ausschließliches Ernährungskonzept ansehen, bleibt dabei ganz Ihnen überlassen.

Zusätzlicher Effekt: Low Carb bedeutet, lange satt zu bleiben. Für Hungerattacken sorgt nämlich ein stark schwankender Insulinspiegel, wie er durch hohe Zuckerzufuhr entsteht. Wer sich nach Low Carb ernährt, hat geringe Insulinschwankungen, der Hunger kommt langsam statt überfallartig, und wir essen automatisch weniger und seltener.

Neben dem faulen Aspekt wurden die Rezepte in diesem Buch vor allem nach einer Prämisse entwickelt: **Lust am Genießen!** Essen ist Sinnlichkeit – ein Ernährungskonzept funktioniert im Alltag nur, wenn man in keiner Weise das Gefühl hat, auf etwas verzichten zu müssen.

BEQUEME LOW-CARB-LEBENSMITTEL …

… gibt es mittlerweile in jedem Supermarkt so einige. Man findet sie …

… in der Gemüseecke: Bis auf Kartoffeln und Süßkartoffeln sind alle Gemüsesorten mehr oder minder geeignet für die Low-Carb-Ernährung und meist auch fix verarbeitet. Obst hat häufig einen etwas höheren Anteil an Kohlenhydraten, bis zu 100 g pro Mahlzeit sind aber drin (Ausnahmen: Banane, Granatapfel und Trockenfrüchte). Frische Kräuter sind wertvolle Aromaspender.

… im Tiefkühlfach: Praktisch als Gemüse sind Erbsen, Spinat, Suppengemüse, Blumenkohl und – neu – Hokkaidokürbis. Beeren und Kräutermischungen sind faule Low-Carb-Lieblinge. Dazu gesellen sich Fischfilets und Garnelen.

… im Kühl- und Frischeregal: Eier und Milchprodukte wie Käse, Quark, Joghurt, saure Sahne, Schmand und Crème fraîche sind faule Grundbestandteile der Low-Carb-Ernährung. Sojajoghurt hat hier seinen Platz. Auch Wurstaufschnitt, Räucherfisch, Kaviar, Tofu und vegetarische Snackwürstchen gibt es. Fleisch (z. B. Hähnchenbrust, Schweinegulasch oder Hackfleisch) liegt in einem separaten, in der Regel geschlossenem Regal. An der Frischetheke gibt es eine bunte Auswahl an Käse (z. B. Ziegenkäsetaler) und Aufschnitt wie etwa Roastbeef.

… im Glas oder in der Dose: Sambal Oelek, Curry- oder Zitronengraspaste verleihen allen Gerichten blitzschnell asiatische Würze. Kidney- und zarte Prinzessbohnen gibt es in praktischen kleinen Portionsdosen, Kichererbsen nur in etwas größeren Dosen.

Im Drogeriemarkt erhalten Sie Currypaste sowie Kokosmilch in zweckmäßigen 200-g-Portionen. Hier finden Sie auch Mandeln, Sojaflocken, Kokoschips, Leinsamenschrot und eine bunte Auswahl an Nüssen. Chai-Tee und kleine Gläser Kichererbsen sind hier ebenfalls erhältlich.

ZUCKER, SÜSSSTOFF & CO.

... sind ein echtes Reizthema für Low-Carb-Fans. Einerseits schmecken die meisten Gerichte mit einem Hauch Süße erst richtig gut, und auch Desserts kann man sich ohne süßen Geschmack kaum vorstellen, andererseits sind Zucker, Honig & Co. Kohlenhydrate pur und in größeren Mengen der natürliche Feind des Low-Carb-Lebensstils. Was also tun? Wir klären auf über ...

... Zucker: Für Low-Carb-Ernährung tatsächlich nur in winzigen Mengen von höchsten 10 g pro Portion und Mahlzeit zu empfehlen. Das gleiche gilt für Frucht- und Milchzucker.

... Honig: Enthält wegen des Wasseranteils eine etwas kleinere Menge Kohlenhydrate als Zucker, hat dadurch aber auch eine geringere Süßkraft. Im Grunde gilt daher die selbe Regel wie beim Zucker. Auch Agavendicksaft und Ahornsirup werden so behandelt. Ich verwende Honig trotzdem gerne in Mini-Mengen, da er ein ganz spezielles Aroma hat.

... Stevia-Streusüße: Wird meist mit Maltodextrin (einem Kohlenhydrat) gemischt, damit sie wie Zucker dosiert werden kann. Die Süße wiegt pro Teelöffel aber viel weniger – und hat damit pro Dosiereinheit deutlich weniger Kohlenhydrate als Zucker. Der metallische, lakritzartige Nachgeschmack ist allerdings sehr dominant. Wer sich daran nicht stört, kann großzügig damit süßen.

... flüssige Süßstoffe: Sind frei von Kohlenhydraten, haben jedoch einen zweifelhaften Ruf – die Auswirkungen auf den menschlichen Körper und die Umwelt sind noch nicht restlos geklärt.

Wer es sehr süß mag und gleichzeitig Zucker vermeiden will, kommt allerdings kaum daran vorbei. Mein Tipp: Besser nach und nach an weniger Süße im Essen gewöhnen und zudem Süßstoff, wenn überhaupt, nur in geringen Mengen verwenden.

… Xylit(ol): Auch Birkenzucker genannt, ist eine Alternative für die Zukunft! Besteht als Zuckeralkohol auch aus Kohlenhydraten, wird aber vom Körper nur zu einem relativ geringen Teil verstoffwechselt, der Rest wird ausgeschieden. Gleiche Süßkraft und vergleichbarer Geschmack wie Haushaltszucker. Leider noch sehr teuer und nur in Onlineshops oder der Apotheke erhältlich. Sehr willkommene Nebenwirkung von Xylit: Es schützt die Zähne vor Karies. Kann in größeren Mengen anfangs leicht abführend wirken.

Welche Alternative Sie für sich wählen, möchte ich Ihnen selbst überlassen: **Bei allen Rezepten, die noch ein wenig Süße vertragen können, habe ich im Text darauf hingewiesen.** Meine persönliche Meinung: Herzhafte Gerichte brauchen in der Regel nur einen kleinen Hauch davon. Hier kann 1 TL Zucker, Honig oder – als Luxus-Low-Carb-Variante – Xylit nicht schaden. Bei Desserts gehen die Geschmäcker weit auseinander, zu Zucker oder Xylit sind hier sicherlich Stevia-Streusüße und nur wenige Tropfen Süßstoff eine Option. Probieren Sie, sich an weniger Süße zu gewöhnen. Das funktioniert zum Beispiel, indem Sie einfach jeden Tag 1 kleines Stück Zartbitterschokolade (85–90 % Kakao) essen. Spätestens nach 1 Woche werden Sie es deutlich süßer empfinden.

FLOTTES FRÜHSTÜCK

Low Carb am Morgen vertreibt Hunger und Sorgen

DIE SCHNELLEN 4 FÜRS FLOTTE FRÜHSTÜCK …

EIER

Bestechen durch einen unübertroffenen Eiweißcocktail, der vom menschlichen Körper perfekt genutzt werden kann | eiweißreiches Frühstück schützt vor Heißhungerattacken und sorgt dafür, dass man im Laufe des Tages weniger Kalorien zu sich nimmt | reich an fettlöslichen Vitaminen | als klassischer **Eiersalat** (Seite 33) ein perfekter Brotbelag | herzhafter Brunch-Büfett-Liebling als **Quiche-Muffins** (Seite 32) | schmeckt auf italienische Art als **Frittata Caprese** (Seite 32) oder **Strammer Massimo** (Seite 33) | verleiht **Low-Carb-Brot** (Seite 24) Bindung, macht es gleichzeitig zu »Eiweißbrot« | wachsweiche Eier sind leichter bekömmlich als hartgekochte.

MAGERQUARK

Liebling aller Fitnessjünger, weil er eiweißreich und zugleich wegen geringen Kohlenhydrat- und Fettgehalts kalorienarm ist | kann auf vielfältigste Art und Weise süß oder herzhaft angerührt werden oder beim Backen Verwendung finden | macht **Himbeer-Frappé** (Seite 22) zu einem echten Power-Drink | gibt **Low-Carb-Brot** (Seite 24) und **Quiche-Muffins** (Seite 32) eine Extraportion Eiweiß | als **Schoko-Tonkabohnen-Quark** (Seite 18) Frühstücksliebling aller Süßmäuler | als frischer Tomatenquark (Seite 68) zu **Gemüsesticks** ein herzhafter Mittagssnack | fantastisch frisch als fixes **Heidelbeer-Minze-Eis** (Seite 119) | perfekt als **schneller Aufstrich:** Einfach die Brotscheibe damit bestreichen, mit Kräutersalz und Pfeffer würzen, dann dünne Tomaten-, Radieschen- und Gurkenscheiben sowie Kresse daraufschichten!

FRISCHKÄSE

Als Brotaufstrich oder in Saucen und Dips eine schnelle Eiweißquelle | fettärmer sind Sorten mit Joghurtanteil | säuerlich-würzige Variante ist Ziegenfrischkäse | mit geräucherter Forelle als **Brotaufstrich** (Seite 26) ein Morgenlichtblick, kräftiger als **Radieschen-Ziegenfrischkäse** (Seite 27) | feincremige Basis für **Veggie-Bread** (Seite 28), **Gurkenhappen mit Putenbrust** (Seite 44), **Käsesuppe** (Seite 108) und **Kokos-Käsekuchen** (Seite 130) | gemeinsam mit Erdnussmus unwiderstehlich als Füllung von **Erdnussmeteoren** (Seite 124) | als Ziegenfrischkäse feines Highlight im **Linsensalat** (Seite 51) und säuerlich-herzhafte Füllung für **Puten-Cannelloni** (Seite 74) | Tipp für Fans: Ziegenfrischkäsebrösel auf dem **Zwetschgen-Crumble** (Seite 128) mitbacken!

AVOCADO

Reich an gesunden Fetten, Mineralstoffen, fettlöslichen Vitaminen wie Vitamin A und E sowie wertvollen sekundären Pflanzenstoffen | besonders aromatisch und nussig im Geschmack sind die kleinen, fast schon schwarzen Früchte der Sorte »Hass« | immer nur richtig reife Früchte mit weichem Fruchtfleisch verwenden | bringt mit Melone und Feldsalat als **Green-Avocado-Smoothie** (Seite 22) richtig Power für den Tag | zitrusfrischlecker als cremiger Brotaufstrich auf **Avocado-Putenbrust-Stullen** (Seite 30) | echt raffinierte Kombi mit Garnelen in **Chicoréeschiffchen** (Seite 45) und **Avocadosalat mit Garnelen** (Seite 58) | mit Banane auch als **Eis** (Seite 119) ein echter Dessert-Hit | geschält und klein geschnippelt eine prima Ergänzung für **Salatwraps mit Thunfisch** (Seite 40).

GERÖSTETES LOW-CARB-MÜSLI

Volle Knusperkraft voraus!

FÜR 8 PORTIONEN

120 g Sojaflocken
80 g kernige Haferflocken
50 g Kokoschips
50 g Mandeln
50 g geschrotete Leinsamen
50 g Weizenkleie
20 g Honig
1 – 2 g Stevia-Streusüße
1 EL Öl
½ TL Zimtpulver
3 – 4 Msp. gemahlene Vanille

ZUBEREITUNGSZEIT: 10 MIN. + 15 MIN. BACKEN
PRO PORTION: CA. 220 KCAL
11 G EW, 15 G F, 10 G KH

1 Den Backofen samt Blech (Mitte) auf 150° vorheizen. Sojaflocken, Haferflocken, Kokoschips, Mandeln, Leinsamen und Weizenkleie in einer Schüssel mischen.

2 Honig, Stevia, Öl, Zimt und die Vanille mit 2 EL Wasser verrühren. Das Honigwasser gründlich mit der Flockenmischung vermengen.

3 Das Blech mit Backpapier auslegen und die Müslimischung gleichmäßig darauf verteilen. Im Ofen 15 Min. backen, dabei nach 10 Min. einmal umrühren.

4 Müsli aus dem Ofen nehmen und auf dem Blech abkühlen lassen, dann in einen verschließbaren Behälter umfüllen. Haltbarkeit: mindestens 4 Wochen.

SERVIER-TIPP:

Pro Person 125 g Magerquark mit 50 ml Wasser glatt rühren. 50 g geröstetes Müsli darauf verteilen. Dazu wahlweise 50 – 100 g Himbeeren, Brombeeren oder Erdbeeren (in Scheiben geschnitten), Honigmelone oder Papaya (beides grob gewürfelt) servieren.

SCHOKO-TONKABOHNEN-QUARK

Aromakick am Morgen

FÜR 2 PERSONEN

---

250 g Magerquark
2 TL Honig
2 EL Kakaopulver
2 Msp. gemahlene Vanille
1 Msp. gemahlene Tonkabohne
50 g Nussmischung
125 g Heidelbeeren
125 g Himbeeren

ZUBEREITUNGSZEIT: 10 MIN.
PRO PERSON: CA. 340 KCAL
23 G EW, 16 G F, 23 G KH

1 Den Quark mit Honig, Kakaopulver und 100 ml Wasser glatt rühren. Gemahlene Vanille und Tonkabohne unterrühren. Quark bis zum gewünschten Grad süßen (Info Seite 11) und auf zwei Schälchen oder tiefe Teller verteilen.

2 Die Nüsse grob hacken und in einer Pfanne ohne Fett hellbraun anrösten. Die Heidelbeeren und Himbeeren verlesen, vorsichtig waschen und abtropfen lassen.

3 Zunächst die Beeren auf den Quark geben, dann die gerösteten Nüsse darüberstreuen. Gleich auf den Tisch stellen.

TIPP:

Tonkabohnen haben ein unwiderstehliches Aroma, das zwischen Vanille und Bittermandel einzuordnen ist. Sie sind mittlerweile auch im Gewürzregal gut sortierter Supermärkte erhältlich. Wichtig: Immer nur sehr sparsam dosieren, etwa so wie Muskatnuss. Überdosierung kann zu Übelkeit führen. Falls Sie keine Tonkabohnen bekommen, streuen Sie einfach etwas gemahlene Bourbon-Vanille über den Quark und geben noch 1–2 Tropfen Bittermandelaroma dazu.

English
Breakfast Tea

LIMETTENJOGHURT MIT EXOTEN

Vitaminreicher Muntermacher

FÜR 2 PERSONEN

- **1 Orange**
- **400 g Sojajoghurt**
- **1 EL Limettensaft**
- **1 TL Honig**
- **½ Papaya**
- **40 g Mandeln**
- **20 g Kokoschips**

ZUBEREITUNGSZEIT: 15 MIN.
PRO PERSON: CA. 415 KCAL
16 G EW, 23 G F, 21 G KH

1 Die Orange so schälen, dass auch die weiße Haut mit entfernt wird, dann halbieren. Den mittleren Bereich samt weißer Haut herausschneiden. Das Fruchtfleisch in dünne Scheiben schneiden, dabei die Kerne entfernen und den austretenden Saft auffangen.

2 Den Sojajoghurt mit dem aufgefangenen Orangensaft, Limettensaft und Honig verrühren. Den Joghurt bis zum gewünschten Grad süßen (Info Seite 11) und auf zwei Schälchen oder tiefe Teller verteilen.

3 Die Papaya entkernen und schälen, das Fruchtfleisch grob würfeln oder quer in dünne Scheiben schneiden. Orange und Papaya auf dem Joghurt verteilen.

4 Die Mandeln grob hacken und zusammen mit den Kokoschips über den Limettenjoghurt und die Exoten streuen.

TIPP:
Vegane Low-Carb-Fans ersetzen den Honig durch Agavendicksaft, Ahornsirup oder Süßstoff.

4 x SCHNELLE MORNINGDRINKS ...

HIMBEER-FRAPPÉ

Für 2 Personen
Pro Person: ca. 230 kcal, 20 g EW, 8 g F, 16 g KH

200 g **Magerquark** (nach Belieben gerne auch griechischen Joghurt), 200 g noch gefrorene **TK-Himbeeren**, 4 EL **geschrotete Leinsamen**, 2 EL **Sanddornsaft**, 2 TL flüssigen **Honig** und 100 ml Wasser in einen Mixbecher geben. 10 Blätter **Minze** abbrausen, trocken tupfen und dazugeben. Alles mit dem Stabmixer fein pürieren. Nach Geschmack noch etwas **süßen** (Info Seite 11). Frappé in zwei Cocktailgläser oder Schälchen füllen und servieren.

GREEN-AVOCADO-SMOOTHIE

Für 2 Personen
Pro Person: ca. 260 kcal, 7 g EW, 18 g F, 14 g KH

1 kleine **Avocado** längs halbieren, entkernen, schälen und klein schneiden. 200 g **Honigmelone** schälen, entkernen, würfeln. Von 5 Stängeln **Minze** die Blätter abzupfen, mit 60 g **Feldsalat** waschen und trocken schleudern. Die vorbereiteten Zutaten mit 100 ml **Pink-Grapefruit-Saft** (oder der gleichen Menge Fruchtfilets), ½ EL **Limettensaft** und 30 g **geschroteten Leinsamen** in einen Mixbecher geben. Alles mit dem Stabmixer fein pürieren. Nach Belieben noch mit etwas **Limettensaft** abschmecken. Smoothie auf zwei Gläser verteilen, servieren.

... für alle, die reichlich Power für einen anstrengenden Tag gut gebrauchen können und dabei nicht auf volles Aroma und leichte Bekömmlichkeit verzichten möchten.

GURKEN-KRÄUTER-AYRAN

Für 2 Personen

Pro Person: ca. 135 kcal, 6 g EW, 9 g F, 7 g KH

200 g **Salatgurke** schälen und klein schneiden. 6 **Radieschen** samt Blättern waschen, trocken tupfen und putzen. Radieschen vierteln. Gurke und Radieschen samt Blättern in einen Mixbecher geben. 200 g **Naturjoghurt** (3,8 % Fett), 10 gesalzene, geröstete **Macadamianüsse**, 2 EL gehackten **Dill** und 2 EL **Wasser** dazugeben. Alles mit dem Stabmixer fein pürieren, mit **Kräutersalz** und 2 Spritzern **Zitronensaft** abschmecken. Ayran auf zwei Gläser verteilen und servieren.

CHOCO-COCO-CHAI-LATTE

Für 2 Personen

Pro Person: ca. 280 kcal, 9 g EW, 21 g F, 13 g KH

200 ml **Kokosmilch** mit 1 EL **Kakaopulver** aufkochen. 2 Beutel **Chai-Tee** hineinhängen und zugedeckt 7 Min. ziehen lassen. Inzwischen in einem kleinen Topf 100 ml **Sojamilch** erwärmen, leicht **salzen** und **süßen** (Info Seite 11). Mit dem Stabmixer aufschäumen und vom Herd nehmen. Teebeutel aus der Kokosmilch nehmen und ausdrücken. Kokosmilch mit 200 ml **Sojajoghurt** und 1 TL **Honig** verrühren, nach Belieben noch etwas süßen (Info Seite 11) und auf zwei Gläser verteilen. Den warmen Sojamilchschaum daraufschichten, die Milch dazugießen. Den Chai-Latte servieren.

LOW-CARB-BROT

Die Rettung für das Butterbrot

FÜR 1 BROT (CA. 16 SCHEIBEN)

100 g Sojaflocken
50 g geschrotete Leinsamen
120 g Weizenkleie
50 g Mohn (ganze Samen oder gemahlen)
30 g Weizenvollkornmehl
1 Pck. Weinsteinbackpulver
Salz
1 Beutel Fenchel-Anis-Kümmel-Tee
5 Eier (M)
400 g Magerquark

ZUBEREITUNGSZEIT: 25 MIN.
+ 1 STD. BACKEN
+ 1 STD. ABKÜHLEN
PRO SCHEIBE: CA. 115 KCAL
11 G EW, 6 G F, 4 G KH

1 Den Backofen samt Blech (Mitte) auf 200° vorheizen. Die Sojaflocken und Leinsamen im elektrischen Blitzhacker grob zermahlen, dann mit Weizenkleie, Mohn, Mehl, Backpulver und 1 TL Salz in einer Schüssel mischen.

2 Den Teebeutel aufschneiden und den Inhalt unter die Flockenmischung mengen. Eier, Quark und 50 ml Wasser dazugeben, alles mit den Quirlen des Handrührgeräts kräftig verrühren.

3 Teig in die Mitte eines Backpapierbogens legen. Das Papier von den langen Seiten her über den Teig schlagen. Dann die seitlichen Papierränder so fest eindrehen, dass der Teig eine kompakte Brotform erhält.

4 Den mittleren Teil des Papiers etwas aufreißen, sodass die Teigoberfläche offen liegt. Den Teig mit einem Messer einmal der Länge nach und viermal quer einritzen. Das Teigpäckchen auf das Blech legen und im Ofen 1 Std. backen.

5 Das Brot aus dem Ofen nehmen und auf einem Kuchengitter in ca. 1 Std. gut auskühlen lassen. Dann aus dem Papier lösen und nach Bedarf in Scheiben schneiden.

4 x SUPERSCHNELLE AUFSTRICHE …

FORELLEN-FRISCHKÄSE

Für 8 Portionen
Pro Portion: ca. 55 kcal, 7 g EW, 3 g F, 1 g KH

200 g **Frischkäse** (Doppelrahm oder mit Joghurt), 125 g **geräuchertes Forellenfilet**, 2 TL **Tafelmeerrettich**, 2 TL **Dijon-Senf** und 1 EL **Rotweinessig** in einen Mixbecher geben. Nach Belieben 1 TL **rosa Pfefferbeeren** zerstoßen und dazugeben. Alles mit dem Stabmixer fein pürieren. Den Aufstrich mit **Kräutersalz** und **Pfeffer** abschmecken. 1 kleines Bund **Schnittlauch** abbrausen, trocken schütteln, in feine Ringe schneiden und untermischen.

KÜRBIS-MOJO

Für 8 Portionen
Pro Portion: ca. 50 kcal, 1 g EW, 4 g F, 3 g KH

Den Backofen auf 220° vorheizen, das Blech mit Backpapier auslegen. 200 g noch gefrorenen **TK-Hokkaidokürbis** auf dem Blech mit 1 EL **Olivenöl** mischen. Im Ofen (Mitte) ca. 15 Min. leicht bräunen. Je 1 Handvoll **Koriandergrün** und **Petersilie** abbrausen, trocken tupfen und die Blätter abzupfen. 1 **Knoblauchzehe** schälen und grob würfeln. Kürbis kurz abkühlen lassen, mit Kräutern, Knoblauch, 2 EL **Olivenöl**, 1 EL **Rotweinessig**, ½ TL **Sambal Oelek**, 1 TL **Honig** und ½ TL **gemahlenen Kreuzkümmel** in einen Mixbecher geben. Alles mit dem Stabmixer fein pürieren. 4 EL **Wasser** unterrühren, mit **Kräutersalz** würzen. Noch leicht **süßen** (Info Seite 11).

..., die nicht nur das Frühstücksbrot veredeln, sondern auch als Dip zu Gemüsesticks ein perfektes Frühstück abgeben. Dann reichen die Aufstriche allerdings nur für 4 Personen.

RADIESCHEN-ZIEGEN-FRISCHKÄSE

Für 8 Portionen
Pro Portion: ca. 70 kcal, 3 g EW, 5 g F, 2 g KH

1 Stück **Zucchino** (50 g) und 50 g **Radieschen** waschen, putzen und raspeln. 1 Stängel **Petersilie** abbrausen und trocken tupfen, die Blätter abzupfen und fein hacken. 30 g **Walnusskerne** grob hacken. 100 g **Ziegenfrischkäse** (ersatzweise Doppelrahm-Frischkäse oder Frischkäse mit Joghurt) mit einer Gabel zerdrücken, mit 2 EL **Naturjoghurt** und 1 TL **Honig** verrühren. Zucchini, Radieschen, Petersilie und Walnüsse untermischen. Aufstrich mit **Kräutersalz** und **Pfeffer** abschmecken. Auch fein: Statt Petersilie 1 EL gehackten Dill nehmen.

PAPRIKA-SESAM

Für 8 Portionen
Pro Portion: ca. 65 kcal, 2 g EW, 5 g F, 2 g KH

30 g **Kürbiskerne** in einer Pfanne ohne Fett anrösten, bis sie sich aufblähen und knacken. 1 **Knoblauchzehe** schälen und grob würfeln. Beides mit 280 g **gerösteten, gehäuteten Paprikaschoten** (Glas), 40 g **Sesammus** (Tahin), 2 EL **Zitronensaft**, ½ TL **gemahlenem Kreuzkümmel** und 1 Msp. **Cayennepfeffer** in einen Mixbecher geben und mit dem Stabmixer fein pürieren. Den Aufstrich mit **Salz, Pfeffer** und **Cayennepfeffer** abschmecken, dabei noch leicht süßen (Info Seite 11).

VEGGIE-BREAD

Mein Liebling am Morgen

FÜR 2 PERSONEN

1 rote Zwiebel
125 g Kirschtomaten
½ Apfel (z. B. Elstar)
2 Scheiben Low-Carb-Brot (Seite 24)
40 g Frischkäse (Doppelrahm oder mit Joghurt)
2 TL körniger Senf
2 Scheiben Goudakäse (nach Belieben auch ein würzigerer Käse)
1 EL Apfelessig
1 EL Rapsöl
1 TL Honig
Salz
Pfeffer
30 g Kürbiskerne
50 g Blattsalat-Mix (gewaschen und küchenfertig)

ZUBEREITUNGSZEIT: 20 MIN.
PRO PERSON: CA. 345 KCAL
17 G EW, 24 G F, 14 G KH

1 Den Backofengrill einschalten, den Rost mit Backpapier auslegen. Zwiebel schälen und in schmale Streifen schneiden. Tomaten waschen und halbieren. Den Apfel waschen, entkernen und in schmale Spalten schneiden.

2 Die Brotscheiben zunächst mit Frischkäse, dann mit Senf bestreichen. Mit dem Käse belegen. Die Scheiben unter dem Grill (Mitte) ca. 5 Min. überbacken.

3 Inzwischen in einer Schüssel Essig, Öl und Honig verrühren, mit Salz und Pfeffer würzen. Kürbiskerne in einer Pfanne ohne Fett hellbraun anrösten, bis sie knacken und sich aufblähen. Mit Blattsalat, Apfel, Tomaten und Zwiebel in die Schüssel geben und mit dem Dressing mischen.

4 Brotscheiben aus dem Ofen nehmen und auf zwei Teller verteilen. Die Salatmischung darauf anrichten. Mit Messer und Gabel servieren.

ROSTFREI
SOLINGEN

AVOCADO-PUTENBRUST-STULLEN

Butterbrot de luxe

FÜR 2 PERSONEN

- **1 Avocado**
- **1 EL Zitronensaft**
- **Kräutersalz**
- **Pfeffer**
- **1 rote oder gelbe Paprikaschote**
- **1 Kästchen Gartenkresse**
- **4 Scheiben Low-Carb-Brot** (Seite 24)
- **100 g Putenbrustaufschnitt**
- **2 TL Tafelmeerrettich**

ZUBEREITUNGSZEIT: 10 MIN.
PRO PERSON: CA. 325 KCAL
18 G EW, 22 G F, 10 G KH

1 Die Avocado längs halbieren, entkernen, schälen und grob würfeln. Mit dem Zitronensaft in eine kleine Schüssel geben und das Fruchtfleisch mit einer Gabel zerdrücken. Mit Kräutersalz und Pfeffer würzen.

2 Die Paprikaschote längs halbieren, putzen, waschen und fein würfeln. Die Kresse mit der Küchenschere vom Beet schneiden.

3 Je 2 Scheiben Brot auf zwei Teller legen und dick mit der Avocadocreme bestreichen. Die Putenbrustscheiben darauflegen und mit Meerrettich bestreichen. Die Paprikawürfel locker darauf und daneben verteilen. Die Stullen mit der Kresse bestreuen, pfeffern und servieren.

TIPP:
Wer gerne eine fruchtige Komponente auf den Stullen mag, schnippelt noch 1 entkerntes Apfel- oder Birnenviertel oder 1 entsteinte Pflaume darüber.

4 x FRÜHSTÜCKSEI 2.0 ...

FRITTATA CAPRESE

Für 4 Personen
Pro Person: ca. 300 kcal, 20 g EW, 24 g F, 2 g KH

50 g **Oliven** (ohne Stein) in Ringe schneiden. Von 30 g **Basilikum** die Blätter abzupfen und in Streifen schneiden. Oliven und die Hälfte des Basilikums mit 8 **Eiern** (M) in eine Schüssel geben. 1 **Knoblauchzehe** schälen und dazupressen, mit **Kräutersalz** und **Pfeffer** würzen, verrühren. 1 **Tomate** waschen und wie auch 1 Kugel **Mozzarella** (125 g) in dünne Scheiben schneiden. 20 g **Butter** in einer ofenfesten Pfanne schmelzen, die Eiermasse hineingeben und 1 Min. stocken lassen. Tomaten und Mozzarella auf die Frittata legen, ca. 5 Min. mitbraten. Backofengrill anschalten, die Pfanne darunterstellen (Mitte). Die Frittata grillen, bis sie gestockt und leicht gebräunt ist. Das übrige Basilikum darüberstreuen, servieren.

QUICHE-MUFFINS

Für 6 Personen
Pro Person: ca. 315 kcal, 28 g EW, 22 g F, 2 g KH

Backofen auf 200° vorheizen. 1 **Zwiebel** schälen, fein würfeln und in 1 EL **Öl** in einer Pfanne glasig dünsten. 100 g magere **Schinkenwürfel** dazugeben und 2 Min. mitdünsten. 2 **Knoblauchzehen** schälen und dazupressen, noch kurz weiterdünsten, dann vom Herd nehmen. 100 g **Bergkäse** reiben und mit 8 **Eiern** (M), 2 EL **Magerquark**, 2 TL **Backpulver** und 2 EL **Weizenkleie** verrühren. Schinkenmischung unterrühren, mit **Pfeffer** würzen. Die 12 Vertiefungen eines Muffinblechs kreuzweise mit je 2 kleinen Scheiben **Schinkenspeck** (zusammen ca. 170 g) auslegen, Eiermasse hineinfüllen. Im Ofen (Mitte) 18–20 Min. backen. Dazu passen Feldsalat, Tomaten und Low-Carb-Brot (Seite 24).

..., das – von klassisch deftig bis raffiniert italienisch – besonders am Wochenende für das erste kulinarische Highlight des Tages sorgt.

EIERSALAT

Für 2 Personen
Pro Person: ca. 255 kcal, 15 g EW, 19 g F, 5 g KH

In einem Topf 3 **Eier** (M) mit lauwarmem Wasser bedecken und zugedeckt zum Kochen bringen. Sobald das Wasser kocht, die Eier noch 4 Min. kochen. Vom Herd nehmen, in kaltem Wasser abkühlen lassen, schälen und klein würfeln. 2 **Frühlingszwiebeln waschen**, putzen, in Ringe schneiden und in einer Schüssel mit 1 EL **Rotweinessig** und etwas **Salz** kurz marinieren. 2 **Radieschen** putzen, waschen und in Scheiben schneiden. 30 g **Gouda** klein würfeln. ¼ **Apfel** waschen, entkernen und klein würfeln. Alles mit 1 EL **Mayonnaise**, 2 TL **körnigem Senf**, 2 EL **Naturjoghurt** und den Eiern zu den Frühlingszwiebeln geben. Salat gut mischen, mit **Salz** und **Pfeffer** abschmecken. Pur oder mit Low-Carb-Brot (Seite 24) servieren.

STRAMMER MASSIMO

Für 2 Personen
Pro Person: ca. 370 kcal, 27 g EW, 26 g F, 7 g KH

Backofen mit zwei Tellern darin auf 100° vorheizen. 1 großen **Zucchino** waschen, putzen und erst längs, dann quer halbieren. Zucchinostücke in ½ EL **Öl** in einer Pfanne 1 – 2 Min. anbraten, bis sie ganz leicht gebräunt sind. Je 2 Stücke auf jeden Teller geben, darauf je 2 Scheiben **Parmaschinken** legen, warm halten. 10 g **Butter** in der Pfanne schmelzen, 4 **Eier** (M) darin zu Spiegeleiern braten und auf dem Schinken verteilen. 30 g **Parmesan** zerbröckeln und darüberstreuen, weiter warm halten. 125 g **Kirschtomaten** waschen und halbieren, 1 kleine **Zwiebel** schälen, fein würfeln. Beides in der Pfanne anbraten, 1 EL **italienische TK-Kräuter** dazugeben. Alles locker auf und neben den Eiern verteilen. Mit **Salz** und **Pfeffer** würzen.

RASCHE SNACKS & SALATE

Raffiniertes Fingerfood und knackig-frisches Grün

DIE SCHNELLEN 4 FÜR RASCHE SNACKS & SALATE

TOFU & VEGETARISCHE WÜRSTCHEN

Pflanzliche Quelle für hochwertiges Eiweiß | dabei fett- und kalorienarm | daher wichtige Ergänzung für die fleisch-, fisch-, ei- und milchproduktlastige Low-Carb-Küche | Must-eat für Low-Carb-Vegetarier und -Veganer | knusprig-würzige, kugelrunde Überraschung als **Tofubällchen** (Seite 42) | passende Einlage für **Zitronengrassuppe** (Seite 78) | mit **Gemüse und Erdnusssauce** (Seite 94) asiatischer Pfannenhit | vegetarische Snackwürstchen brillieren auf dem **Veggie-Döner-Teller** (Seite 54) und in **Veggie-Grünkohleintopf** (Seite 79) | Tipp: Gewürfelter Räuchertofu ist ein prima Ersatz für Speck- bzw. Schinkenwürfel, z. B. in **Bohnensalat** (Seite 51) und **Käsesuppe** (Seite 108) oder für Mett im **Sauerkrautgratin** (Seite 100).

THUNFISCH

Extrem vielseitig in der Zubereitung, dazu Inhaltsstoffe wie aus dem Low-Carb-Lehrbuch: eiweißreich, mit wenig – aber gesundem – Fett, kalorienarm | jedoch weltweit überfischt oder an der Grenze zur Überfischung | daher ausschließlich aus nachhaltiger Angelrutenfischerei auf Kleinbooten zu empfehlen (z. B. Followfish) | verführerische Füllung von **Salatwraps** (Seite 40) | vervollkommnet den Salatklassiker **Salade niçoise** (Seite 52) und die geschichtete Neuinterpretation des **Caesar Salad** (Seite 70) | Tipp: im **Frischkäseaufstrich** (Seite 26) prima Ersatz für Räucherforelle | lecker: statt Ziegenfrischkäse als Füllung für **Puten-Cannelloni** (Seite 74) | Auch gut: 130 g Thunfisch (Dose) zerpflücken und kurz in der **Orientalischen Gemüsesuppe** (Seite 109) ziehen lassen.

WURSTAUFSCHNITT & CO.

Von milder Putenbrust bis herzhaftem Schinken blitzschnelle, eiweißreiche Ergänzung für allerlei Gerichte | als Putenbrust mageres Topping für **Gurkenhappen** (Seite 44) oder herzhafte **Stullen** (Seite 30) | prima Zugabe für **Brokkolisalat** (Seite 50) | innovativer Pasta-Ersatz bei **Puten-Ziegenkäse-Cannelloni** (Seite 74) | Schinken entführt als **Zucchiniröllchen** (Seite 38) oder als **Strammer Massimo** (Seite 33) nach Italien | deftiger Schinkenspeck gibt **Quiche-Muffins** (Seite 32) und **Spinat-Champignons** (Seite 45) Halt und Würze | Schinkenwurst überzeugt im gemüsereichen **Wurstsalat mit Bohnen** (Seite 72) | Roastbeef hat in **Thai-Salat** (Seite 60) und **Vietnam-Suppe** (Seite 112) einen großen Auftritt | Tipp für Schinkenfans: 1 Scheibe Kochschinken in Streifen schneiden und unter **Eiersalat** (Seite 33) mischen.

FETA & HALLOUMI

Käselieblinge aus Griechenland und Zypern | Feta schmeckt frisch oder gebacken sehr gut, Halloumi am besten gebraten oder gegrillt | klassisch aus Schafsmilch (Feta) oder einer Mischung aus Kuh-, Ziegen- und Schafsmilch (Halloumi) | wie alle Käsesorten praktisch frei von Kohlenhydraten und reich an hochwertigem Eiweiß | Feta ist fett- und kalorienärmer | Feta würzt **Brokkolisalat** (Seite 50) | verleiht **Gebackener Aubergine** (Seite 46) und **Ofengemüse** (Seite 96) eine würzige Kruste | toll kombiniert mit gebratenem Zucchino und Bohnencreme auf den **Greek Sandwiches** (Seite 66) | passt auch statt Seelachs zu **mediterranem Gemüse im Päckchen** (Seite 98) | Halloumi schmeckt gebraten sensationell in **Spitzkohlsalat** (Seite 50), mit Feigen als Topping zur **Zucchini-Lauch-Suppe** (Seite 79) oder als herzhafte **Puffer** (Seite 94).

ZUCCHINI-SCHINKEN-RÖLLCHEN

Quick-and-easy-Antipasti

FÜR 2 PERSONEN

1 Zucchino
2 EL Limettensaft
1 ½ EL Olivenöl
1 Knoblauchzehe
Salz
Pfeffer
1 Kugel Mozzarella (125 g)
4 getrocknete Tomaten (in Öl)
4 breite Scheiben magerer, luftgetrockneter geräucherter Schinken (ca. 80 g)
8 Blättchen Basilikum

ZUBEREITUNGSZEIT: 20 MIN.
PRO PERSON: CA. 375 KCAL
23 G EW, 30 G F, 3 G KH

1 Den Zucchino waschen, putzen und längs auf beiden Seiten je 1 dünne Scheibe abschneiden, dann den Rest der Länge nach in 8 Scheiben schneiden.

2 Auf einem großen flachen Teller Limettensaft und 1 EL Olivenöl verrühren, Knoblauch schälen und dazupressen. Die Marinade mit Salz und Pfeffer würzen.

3 Restliches Olivenöl in einer Pfanne erhitzen. Die Zucchinoscheiben darin portionsweise von beiden Seiten je 1–2 Min. anbraten, bis sie leicht gebräunt sind. Herausnehmen, in der Marinade wenden und abkühlen lassen.

4 Den Mozzarella in 8 gleichmäßig dünne Scheiben schneiden. Die Tomaten und Schinkenscheiben längs halbieren.

5 Auf jedes Schinkenstück passend 1 Zucchinoscheibe legen. Dann jeweils auf einer Schmalseite mit Mozzarella belegen, quer darauf je 1 Basilikumblatt und 1 Stück Tomate legen. Von der mit Mozzarella belegten Seite her aufrollen und hochkant auf zwei Teller setzen.

SALATWRAPS MIT THUNFISCH

Knackfrische Röllchen vom Feinsten

FÜR 2 PERSONEN

1 Frühlingszwiebel
½ rote Paprikaschote
100 g Kirschtomaten
1 Dose Thunfisch (im eigenen Saft; 130 g Abtropfgewicht)
6 große Blätter Eisbergsalat
2 EL Mayonnaise
1 EL Zitronen- oder Limettensaft
½ TL edelsüßes Paprikapulver
Salz
Pfeffer

ZUBEREITUNGSZEIT: 15 MIN.
PRO PERSON: CA. 200 KCAL
17 G EW, 11 G F, 5 G KH

1 Frühlingszwiebel, Paprikaschote und Tomaten putzen und waschen. Frühlingszwiebel in dünne Ringe schneiden, Paprika und Tomaten klein würfeln. Thunfisch abtropfen lassen. Salatblätter abbrausen und trocken tupfen, die Stielansätze wegschneiden.

2 Mayonnaise, Zitronen- oder Limettensaft und Paprikapulver verrühren. Mit Salz und Pfeffer würzen. Gemüse und Thunfisch untermischen, mit Salz und Pfeffer abschmecken.

3 Jeweils im unteren Drittel jedes Salatblattes etwas Thunfischmasse als länglichen Streifen verteilen. Das Salatblatt einmal über die Füllung schlagen, dann die Ränder einschlagen und das Blatt nach oben hin aufrollen. Auf diese Weise 6 Wraps zubereiten.

TIPP:
Ich mag die Wraps besonders gerne, wenn noch 2 TL gehackte Kapern unter die Thunfischmasse gerührt werden.

WÜRZIGE TOFUBÄLLCHEN

Fix frittierter Knusperspaß

FÜR 2 PERSONEN

1 Knoblauchzehe
1 haselnussgroßes Stück Ingwer
200 g Tofu
1 Ei (M)
30 g Erdnussmus
2 EL Kokosraspel
2 TL rote Vindaloo-Currypaste
1 EL Limettensaft
Salz
½ l Öl (zum Frittieren)
100 g Naturjoghurt (3,8 % Fett)

ZUBEREITUNGSZEIT: 25 MIN.
PRO PERSON: CA. 375 KCAL
22 G EW, 28 G F, 9 G KH

1 Knoblauch und Ingwer schälen und klein würfeln. Tofu gut ausdrücken und grob zerbröckeln. Alles mit Ei, Erdnussmus, Kokosraspeln, 1 TL Currypaste und ½ EL Limettensaft im elektrischen Blitzhacker fein pürieren. Mit Salz würzen.

2 Aus der Tofumasse 16 Bällchen formen. Öl in einem kleinen Topf erhitzen. Mit einem Holzstäbchen den Temperaturtest machen: Steigen sofort kleine Bläschen an dem ins Fett gehaltenen Stäbchen auf, ist es heiß genug.

3 Die Tofubällchen portionsweise im heißen Fett in 4 – 5 Min. rundherum goldbraun frittieren, dann kurz auf Küchenpapier abtropfen lassen.

4 Den Joghurt mit übrigem Limettensaft und restlicher Currypaste verrühren, salzen und leicht süßen (Info Seite 11). Dip in Schälchen anrichten und mit den Bällchen servieren.

TIPP:

Die Tofubällchen erhalten einen knackigen Biss, wenn noch 2 EL grob gehackte Erdnüsse unter die Tofumasse gearbeitet werden.

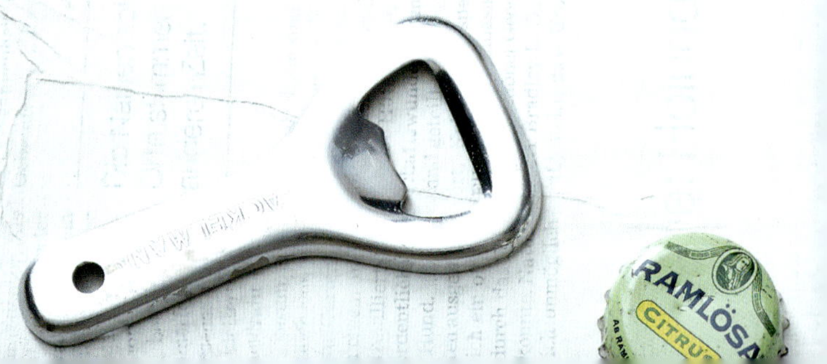

SPEISE-
VOLLSALZ
300 g

4 X FEINE SNACKS & FINGERFOOD …

GURKENHAPPEN MIT PUTENBRUST

Für 2 Personen
Pro Person: ca. 75 kcal, 7 g EW, 3 g F, 3 g KH

½ **Salatgurke** (ca. 200 g) waschen, zebraartig schälen, in 8 Scheiben schneiden und jeweils die Kerne auf einer Seite ½ cm tief entfernen. 50 g **Frischkäse** (Doppelrahm oder mit Joghurt), 2 TL **Tafelmeerrettich** und 1 TL **Zitronensaft** verrühren, mit **Salz** und **Pfeffer** würzen. Frischkäse auf die Vertiefungen der Gurkenscheiben verteilen. 4 **Radieschen** waschen, putzen, halbieren, einschneiden, auffächern und in den Frischkäse drücken. 3 Scheiben **Putenbrustaufschnitt** einrollen und in je 3 Stücke schneiden. Je 1 Röllchen neben die Radieschen auf den Frischkäse setzen (übriges Röllchen naschen!). Die Häppchen mit **Dillspitzen** garnieren.

GRÜNKOHLCHIPS

Für 2 Personen
Pro Person: ca. 65 kcal, 2 g EW, 5 g F, 1 g KH

Ein Backblech mit Backpapier auslegen. Den Backofen samt Blech (Mitte) auf 150° vorheizen. 100 g küchenfertigen **Grünkohl** (ersatzweise Wirsingblätter in mundgerechten Stücken, hier im Bild) mit 1 TL **Zwiebelgranulat**, 1 EL **Olivenöl** und etwas **Salz** mischen und 3 Min. durchziehen lassen. Dann auf dem Blech verteilen und 10 Min. backen. Wenden und weitere 7 – 10 Min. backen, bis der Grünkohl knusprig und leicht gebräunt, aber noch nicht verbrannt ist. Aus dem Ofen nehmen und abkühlen lassen. Dann bis zum Verzehr luftdicht verschlossen lagern.

... – alles überraschend vielfältig und im Eiltempo zubereitet, dabei jedoch in keiner Weise nach »schnell gemacht« aussehend.

CHICORÉESCHIFFCHEN

Für 2 Personen

Pro Person: ca. 235 kcal, 10 g EW, 18 g F, 5 g KH

1 **Avocado** längs halbieren, entkernen, schälen, grob würfeln. In einer Schüssel mit 2 EL **Limettensaft** mit einer Gabel zerdrücken. Das Mus mit **Salz** und **Pfeffer** würzen. ½ **Apfel** (z. B. Elstar) waschen, entkernen und in 12 Spalten schneiden. ½ **Papaya** entkernen, schälen und ebenfalls in 12 Spalten schneiden. 12 geschälte, gegarte **Garnelen** (ca. 80 g) waschen und trocken tupfen. Von 1 Staude **Chicoreé** 12 Blätter ablösen, waschen, trocken tupfen und auf einer großen Platte auslegen. Je 1 Klecks Avocadomus auf jedes Chicoréeblatt geben und je 1 Apfel- und Papayaspalte sowie 1 Garnele darauf anrichten, pfeffern. **Gartenkresse** von 1 Kästchen abschneiden und darüberstreuen.

SPINAT-CHAMPIGNONS

Für 2 Personen

Pro Person: ca. 315 kcal, 21 g EW, 25 g F, 1 g KH

Den Backofen auf 200° vorheizen, den Rost mit Backpapier auslegen. 50 g **Bergkäse** reiben. Mit 1 **Ei** (M), 100 g noch gefrorenen **TK-Spinat** (nicht in Blöcke gepresst) und 1 EL **italienischen TK-Kräutern** mischen, mit **Salz** und **Pfeffer** würzen. 8 gleich große **Champignons** (200 g) putzen und entstielen. Jeden Pilz mit 1 Scheibe **Frühstücksspeck** (Bacon; insgesamt ca. 100 g) umwickeln und mit der Öffnung nach oben auf die Arbeitsplatte legen. Die Spinatmasse in die Vertiefungen füllen. Die Pilze im Ofen (Mitte) 20 Min. backen. Kurz abkühlen lassen und noch warm servieren.

GEBACKENE AUBERGINE MIT FETA

Griechisch inspirierte Köstlichkeit

FÜR 2 PERSONEN

1 Knoblauchzehe
1½ EL Olivenöl
1 Aubergine (250–300 g)
Salz
70 g Schafskäse (Feta)
1 Stängel Dill
1 TL Honig
150 g Kirschtomaten
20 g Walnusskerne
3 eingelegte Peperoni
2 Zitronenspalten
Pfeffer

ZUBEREITUNGSZEIT: 15 MIN.
+ 35 MIN. BACKEN
PRO PERSON: CA. 270 KCAL
10 G EW, 20 G F, 11 G KH

voll lecker!

1 Den Backofen auf 200° vorheizen, ein Backblech mit Backpapier auslegen. Knoblauch schälen und zu dem Olivenöl pressen. Die Aubergine waschen, putzen und der Länge nach in 4 dicke Scheiben schneiden. Bei den Randscheiben die Haut in der Mitte dünn abschneiden.

2 Auberginenscheiben auf das Blech legen, mit dem Knoblauchöl einpinseln und mit etwas Salz bestreuen. Im Ofen (Mitte) ca. 15 Min. backen.

3 Inzwischen den Feta zerbröckeln. Dill abbrausen und trocken schütteln, die Spitzen abzupfen und fein hacken. Feta mit 1 TL Dill und dem Honig mischen. Tomaten waschen.

4 Aubergine aus dem Ofen nehmen. Die Fetamischung darauf verteilen, die Tomaten danebenlegen. Alles weitere 15–20 Min backen, bis der Feta gut gebräunt ist. Walnüsse in grobe Stücke brechen und nach 10 Min. darüberstreuen.

5 Peperoni in Ringe schneiden. Blech aus dem Ofen nehmen und Aubergine, Tomaten und die Nüsse auf zwei Teller verteilen. Peperoni darüberstreuen. Mit übrigem Dill bestreuen, Zitronenspalten dazulegen, pfeffern und servieren.

LACHS-CARPACCIO

Fix-faul-fantastischer Gourmetsnack

FÜR 2 PERSONEN

50 g saure Sahne
½ EL Limettensaft
1 TL körniger Senf
1 TL Kapern
Salz
Pfeffer
6 Radieschen
50 g Blattsalat-Mix (küchenfertig und gewaschen)
½ EL Rotweinessig
½ EL Öl (z. B. Rapsöl)
4 Scheiben Räucherlachs (ca. 100 g)
2 TL Lachs- oder Forellenkaviar
½ Kästchen Gartenkresse

ZUBEREITUNGSZEIT: 15 MIN.
PRO PERSON: CA. 185 KCAL
13 G EW, 13 G F, 2 G KH

1 Für das Dressing saure Sahne, Limettensaft, Senf und Kapern verrühren. Mit Salz und Pfeffer würzen, dabei leicht süßen (Info Seite 11).

2 Radieschen waschen, putzen und in dünne Scheiben schneiden. Blattsalat in eine Schüssel geben, mit Essig und Öl beträufeln, mit Salz und Pfeffer würzen, locker vermischen.

3 Jeweils 2 Lachsscheiben im Abstand von ca. 5 cm auf einen Teller legen. Die Radieschenscheiben darauf und daneben verteilen. Den Blattsalat in der Mitte anrichten.

4 Das Dressing rund um den Salat träufeln. Kaviar in kleinen Portionen auf dem Dressing verteilen. Die Kresse mit der Küchenschere vom Beet abschneiden und rundherum verteilen.

TIPP:

Kaviar ist sehr eiweißreich und hat fast keine Kohlenhydrate. Damit ist er perfekt geeignet als kleines Highlight für Low-Carb-Gourmets.

4 X EXPRESS-SALATE MIT KÄSE …

SPITZKOHLSALAT MIT HALLOUMI

Für 2 Personen
Pro Person: ca. 285 kcal, 13 g EW, 23 g F, 7 g KH

2 EL **Apfelessig** und 1 EL **Olivenöl** verrühren. Nach Belieben 1 **Knoblauchzehe** schälen und dazupressen. Mit **Salz** und **Pfeffer** würzen. 100 g **Spitzkohl** waschen, putzen und in feine Streifen schneiden. 100 g **Möhren** schälen und raspeln. 4 Stängel **Minze** abbrausen und trocken schütteln, Blätter abzupfen und in feine Streifen schneiden. 20 g **Kürbiskerne** in einer Pfanne ohne Fett anrösten, bis sie sich aufblähen und knacken. 100 g **Galia-Melone** schälen, entkernen und grob würfeln. 80 g **Halloumi** ebenfalls würfeln und in ½ EL **Olivenöl** anbraten, bis die Würfel rundherum leicht gebräunt sind. Alles mit dem Dressing mischen, ca. 5 Min. durchziehen lassen, servieren.

BROKKOLISALAT MIT FETA

Für 2 Personen
Pro Person: ca. 335 kcal, 25 g EW, 22 g F, 5 g KH

Für das Dressing 1 ½ EL **Apfelessig** mit 1 TL **Dijon-Senf** und 1 EL **Öl** (z. B Rapsöl) verrühren. Mit **Kräutersalz** und **Pfeffer** würzen und leicht **süßen** (Info Seite 11). 400 g **Brokkoli** waschen, putzen und in kleine Röschen teilen. Diese in einem Topf mit Dämpfeinsatz über kochendem Wasser in ca. 3 Min. bissfest dämpfen. Kalt abschrecken, abtropfen lassen, in der Salatschleuder trocken schleudern und mit dem Dressing mischen. 2 **Frühlingszwiebeln** putzen, waschen und schräg in dünne Ringe schneiden. 100 g **Putenbrustaufschnitt** grob zerpflücken. 20 g **Walnusskerne** und 100 g **Schafskäse** (Feta) grob zerbröckeln. Alles mit dem marinierten Brokkoli mischen und servieren.

... für alle Fans von Halloumi, Feta, Parmesan & Co. Und die von bunter Käsevielfalt auf knackigen Salaten gar nicht genug bekommen können.

LINSENSALAT MIT ZIEGENFRISCHKÄSE

Für 4 Personen
Pro Person: ca. 250 kcal, 12 g EW, 17 g F, 12 g KH

1 Dose **Tellerlinsen** (265 g Abtropfgewicht) in ein Sieb gießen und gründlich abtropfen lassen. 200 g gegarte **Rote Beten** (vakuumverpackt) vierteln und in schmale Spalten schneiden. 2 Stängel **Dill** abbrausen und trocken schütteln, Spitzen abzupfen, grob hacken. 40 g **Mandeln** grob hacken. 125 – 150 g **Feldsalat** waschen und trocken schleudern. Für das Dressing 2 EL **Apfelessig** mit 1 TL **Dijon-Senf** und 2 EL **Rapsöl** verrühren. Mit **Salz** und **Pfeffer** würzen, leicht **süßen** (Info Seite 11). Alles mischen und kurz durchziehen lassen. Dann 100 g **Ziegenfrischkäsetaler** grob zerbröckeln und über den Salat streuen, servieren.

BOHNENSALAT MIT PARMESAN

Für 2 Personen
Pro Person: ca. 310 kcal, 17 g EW, 21 g F, 13 g KH

1 kleinen **Fenchel** (ca. 150 g) waschen, putzen, dünn hobeln. 1 **rote Zwiebel** schälen, in feine Streifen schneiden. Beides in einer Schüssel mit 3 EL **Apfelessig** und 2 EL **Rapsöl** gut mischen. 250 g noch gefrorene **TK-Brechbohnen** in kochendes **Salzwasser** geben und zugedeckt bei mittlerer Hitze in ca. 8 Min. bissfest garen. Abgießen, kalt abschrecken und trocken schleudern. Inzwischen 20 g **Pinienkerne** in einer Pfanne ohne Fett hellbraun rösten, herausnehmen, 50 g magere **Schinkenwürfel** anbraten. 125 g **Kirschtomaten** waschen, halbieren. Alles mischen, mit **Pfeffer** und **Kräutersalz** würzen, etwas **süßen** (Info Seite 11). 30 g **Parmesan** zerbröckeln und darüberstreuen.

SALADE NIÇOISE

Klassiker von der Côte d'Azur

FÜR 2 PERSONEN

2 Eier (M)
150 g TK-Brechbohnen
Salz
1 Glas Artischockenherzen (165 g Abtropfgewicht)
3 EL Weißweinessig
3 TL Dijon-Senf
1 Knoblauchzehe
2 EL Olivenöl
Pfeffer
70 g Oliven
125 g Kirschtomaten
1 Dose Thunfisch (im eigenen Saft, 130 g Abtropfgewicht)
100 g Blattsalat-Mix (küchenfertig und gewaschen)

ZUBEREITUNGSZEIT: 20 MIN.
PRO PERSON: CA. 380 KCAL
28 G EW, 23 G F, 11 G KH

1 Die Eier in einem Topf knapp mit kaltem Wasser bedecken, zugedeckt zum Kochen bringen und, sobald das Wasser sprudelt, in 3 ½ Min. wachsweich kochen.

2 Die noch gefrorenen Brechbohnen in kochendes Salzwasser geben und zugedeckt bei mittlerer Hitze in 8 Min. bissfest garen. Eier abgießen und in kaltem Wasser abkühlen lassen. Die Artischocken in ein Sieb gießen, abtropfen lassen und etwas ausdrücken.

3 Für das Dressing in einer Schüssel Essig und Senf verrühren. Knoblauch schälen und dazupressen. Olivenöl unterschlagen. Das Dressing mit Salz und Pfeffer würzen und etwas süßen (Info Seite 11). Die Artischocken und Oliven untermischen und kurz ziehen lassen.

4 Bohnen abgießen und kalt abschrecken, mit der Salatschleuder trocken schleudern. Tomaten waschen und halbieren. Thunfisch abtropfen lassen und grob zerpflücken.

5 Bohnen, Blattsalat, Tomaten und Thunfisch in die Schüssel geben und mit Artischocken und Oliven vermischen. Den Salade niçoise auf zwei Teller verteilen. Die Eier schälen, vierteln und darauf anrichten.

COGNAC
CAMUS
LA GRANDE MARQUE

VEGGIE-DÖNER-TELLER

Spart den Besuch beim Dönermann

FÜR 2 PERSONEN

200 g Spitzkohl
2 EL Olivenöl
1–2 EL Rotweinessig
Salz
Pfeffer
125 g Kirschtomaten
½ Salatgurke
½ rote Zwiebel
4 große Blätter Eisbergsalat
150 g vegetarische Snackwürstchen
1 Knoblauchzehe
1 Msp. gemahlener Kreuzkümmel
200 g Tsatsiki (Fertigprodukt)

ZUBEREITUNGSZEIT: 25 MIN.
PRO PERSON: CA. 400 KCAL
29 G EW, 22 G F, 19 G KH

1 Den Spitzkohl waschen, putzen und mit dem Messer in feine Streifen schneiden. In einer Schüssel mit 1 EL Olivenöl und 1 EL Rotweinessig mischen. Mit Salz, Pfeffer und eventuell noch mehr Essig abschmecken.

2 Die Tomaten und die Gurke waschen, Tomaten vierteln, Gurke klein würfeln. Zwiebel schälen und ebenfalls fein würfeln. Den Eisbergsalat waschen und trocken tupfen.

3 Die Würstchen mit einem Gurkenhobel in dünne Scheiben hobeln. Restliches Olivenöl in eine heiße Pfanne geben und die Wurstscheiben darin knusprig braun braten. Den Knoblauch schälen und dazupressen, Kreuzkümmel untermischen und noch kurz mitbraten. Veggie-Döner-Mischung mit Salz und Pfeffer abschmecken.

4 Salatblätter auf zwei Tellern auslegen, Spitzkohlsalat darauf anrichten, dabei eine Vertiefung in die Mitte drücken. Tsatsiki in die Vertiefungen füllen, Veggie-Döner darauf verteilen. Die Gurke und die Tomaten rundherum anrichten, Zwiebeln darüberstreuen. Servieren.

TIPP:
Der Veggie-Döner-Teller wird noch schöner mit eingelegten Peperoni als Topping. Wer es schärfer mag, würzt das Döner ganz klassisch mit Pul biber (türkischen Paprikaplättchen) oder – ganz faul – mit Cayennepfeffer.

MAROKKO-SALAT MIT HÄHNCHEN

Zaubert Sommerfeeling auf den Teller

1 Das Hähnchenbrustfilet waschen, mit Küchenpapier gut trocken tupfen und in ca. 1 cm breite Streifen schneiden. Die Zwiebel schälen und in dünne Streifen schneiden.

FÜR 2 PERSONEN

150 g Hähnchenbrustfilet
1 rote Zwiebel
1 ½ EL Olivenöl
1 Knoblauchzehe
1 TL Ras el-Hanout (marokkanische Gewürzmischung)
Salz
40 g Instant-Couscous
250 g Tomaten
1 Salatgurke
1 Handvoll Minze (ca. 15 g)
40 g Pinienkerne
1 EL Zitronensaft
Pfeffer

ZUBEREITUNGSZEIT: 25 MIN.
PRO PERSON: CA. 355 KCAL
25 G EW, 16 G F, 26 G KH

2 In einem Topf ½ EL Olivenöl erhitzen. Zwiebel und Hähnchen darin ca. 5 Min. anbraten, bis die Zwiebel leicht gebräunt ist. Knoblauch schälen und dazupressen. Ras el-Hanout hinzufügen, salzen und kurz weiterbraten.

3 Dann den Couscous und 100 ml Wasser in den Topf geben und zum Kochen bringen. Alles ½ Min. offen kochen, dann vom Herd nehmen und zugedeckt 10 Min. ziehen lassen.

4 Inzwischen Tomaten waschen und klein würfeln, dabei die Stielansätze entfernen. Gurke waschen, zebraartig schälen, längs halbieren und die Kerne mit einem kleinen Löffel herausschaben. Die Gurkenhälften in dünne Scheiben schneiden. Minze abbrausen und trocken schütteln, Blättchen abzupfen und in feine Streifen schneiden. Pinienkerne in einer Pfanne ohne Fett hellbraun anrösten, sofort herausnehmen.

5 Den Couscous auflockern und mit den vorbereiteten Zutaten mischen. Zitronensaft und restliches Olivenöl unter den Salat rühren. Mit Salz und Pfeffer abschmecken, dabei etwas süßen (Info Seite 11).

TIPP:
Marokko-Salat schmeckt auch mit 150 g in Scheiben geschnittenen Merguez (würzige Lammwürstchen) statt mit Hähnchen. Vegetarier lassen das Fleisch weg und mischen dafür 100 g zerbröckelten Schafskäse (Feta) unter den fertigen Salat.

Cous Cous
MAIS E RISO · CORN RICE

AVOCADOSALAT MIT GARNELEN

Karibisch oder asiatisch? Hauptsache lecker!

FÜR 2 PERSONEN

1 EL Öl
225 g TK-Garnelen (gegart und geschält)
1 rote Zwiebel
1 Knoblauchzehe
1 TL Sambal Oelek
3 EL Limettensaft
Kräutersalz
150 g Kirschtomaten
1 Avocado
125 g Blattsalat-Mix (gewaschen und küchenfertig)

ZUBEREITUNGSZEIT: 20 MIN.
PRO PERSON: CA. 290 KCAL
17 G EW, 22 G F, 4 G KH

1 In einer Pfanne ½ EL Öl erhitzen. Die noch gefrorenen Garnelen darin andünsten. Die Zwiebel schälen, in dünne Streifen schneiden, zu den Garnelen geben und 6 – 7 Min. mitdünsten.

2 Knoblauch schälen und fein würfeln. Mit dem Sambal Oelek zu den Garnelen geben und alles noch kurz weiterdünsten, bis die Garnelen gar sind. Den Limettensaft und das restliche Öl unterrühren, mit Kräutersalz würzen, etwas süßen (Info Seite 11), vom Herd nehmen.

3 Kirschtomaten waschen und halbieren. Avocado längs halbieren, entkernen und schälen. Die Hälften noch mal längs halbieren und dann quer in nicht zu dünne Scheiben schneiden.

4 Alle Salatzutaten in einer Schüssel mischen und kurz durchziehen lassen. Nach Belieben noch mit etwas Kräutersalz abschmecken. Auf zwei Teller verteilen und servieren.

TIPP:
Ein Hauch Fischsauce verleiht diesem feinen Avocadosalat eine fantastische fernöstliche Note, 100 g Papayawürfel dagegen einen köstlichen karibischen Touch.

THAI-SALAT MIT ROASTBEEF

Kulinarischer Kurztrip nach Fernost

FÜR 2 PERSONEN

2 EL Limettensaft
1 EL Fischsauce
1 TL Sambal Oelek
1 EL Öl (z. B. Distelöl)
1 Knoblauchzehe
Salz
1 rote Paprikaschote
4 Frühlingszwiebeln
1 Stück Salatgurke (ca. 200 g)
100 g Roastbeef-Aufschnitt
1 Handvoll Koriandergrün (ca. 15 g)
50 g gesalzene geröstete Erdnüsse

ZUBEREITUNGSZEIT: 15 MIN.
PRO PERSON: CA. 310 KCAL
20 G EW, 20 G F, 11 G KH

1 Für das Dressing Limettensaft, Fischsauce, Sambal Oelek und Öl verrühren. Knoblauch schälen und dazupressen. Mit Salz würzen und etwas süßen (Info Seite 11).

2 Die Paprikaschote längs halbieren, putzen und waschen. Die Hälften noch mal längs halbieren, dann quer in dünne Streifen schneiden. Frühlingszwiebeln putzen, waschen und möglichst schräg in breite Ringe schneiden. Gurke waschen, längs halbieren und quer in dünne Scheiben schneiden. Roastbeef in breite Streifen schneiden. Koriandergrün abbrausen, trocken schütteln und die Blätter abzupfen.

3 Alle vorbereiteten Zutaten und die Erdnüsse mit dem Dressing mischen und den Salat kurz ziehen lassen. Nach Belieben noch mit etwas Salz abschmecken und servieren.

TIPP:
Wer gerne knackiges Grün mag, ergänzt den Thai-Salat noch mit 100 g küchenfertigem Blattsalat-Mix. Auch fein: 100 g geschälte, gegarte Garnelen untermischen.

3
115
M.P.L.
EASY TO USE
24 G
Suppe
ab
12 Uhr
S

TAKE-AWAY-MITTAGESSEN

Futter für faule Büro-Gourmets

DIE SCHNELLEN 4 FÜRS TAKE-AWAY-MITTAGESSEN

ERBSEN & KICHERERBSEN

Bei ihnen gilt wie bei Bohnen: Wegen des Kohlenhydratgehalts nicht zu viel davon essen, sind wegen des hohen Eiweißgehalts trotzdem wertvoll | Erbsen am besten tiefgekühlt, Kichererbsen aus der Konserve verwenden | TK-Erbsen setzen beim scharfen **Vindaloo-Curry** (Seite 84) und beim herzhaften **Veggie-Grünkohleintopf** (Seite 79) einen süßen Kontrapunkt | verleihen auch TK-Suppengemüse ein süßes Aroma | Kichererbsen passen perfekt zu Gerichten mit Orientnote, etwa zu warmem **Möhrensalat** (Seite 72) und **Hähnchenkeulen »Marokko«** (Seite 106) | Kichererbsen- statt Bohnencreme ist auch eine super Basis für die **Greek Sandwiches** (Seite 66).

TK-FISCHFILETS

Sehr mager und nur mit richtig gesunden Fetten ausgestattet | kalorienarm, eiweißreich und als TK-Ware blitzschnell und einfach zubereitet | häufig ist ein Auftauen gar nicht nötig | Lachsfilet verleiht **Blumenkohlgratin** (Seite 76) das gewisse Etwas und spielt mit **Chilikruste** in Kombination mit grünem Spargel die überzeugende Hauptrolle (Seite 92) | Seelachs- oder Kabeljaufilets garen sanft im **Fischcurry** (Seite 82) oder unter Aromaverschluss im **Päckchen** im Ofen (Seite 98) | Tipp: 2 aufgetaute Lachsfiletstücke (à 125 g) mit je 1 Scheibe Bio-Zitrone und 1 Klecks Kräuterbutter in Alufolie einwickeln. Im 200° heißen Backofen (Mitte) 18 – 20° Min garen. Salzen und mit der **Paprika-Apfel-Salsa** (Seite 95) servieren.

BOHNEN

Enthalten Stärke und damit Kohlenhydrate und sollten daher nur in Maßen genossen werden | sind wertvoller Eiweißlieferant und damit trotzdem wichtiger Bestandteil der Low-Carb-Ernährung | besonders praktisch: grüne TK-Bohnen und Bohnenkerne aus der Konserve | grüne Bohnen bestechen als mediterraner **Salat mit Parmesan** (Seite 51) oder als wichtiger Bestandteil des **Salade niçoise** (Seite 52) | ausnahmsweise aus der Konserve im **Wurstsalat** (Seite 72) | Kidneybohnen machen Spaß als würzige Bohnencreme auf **Greek Sandwiches** (Seite 66) oder als Einlage in **Frühlings-Minestrone** (Seite 110) | Tipp: Kidneybohnen sind auch eine tolle Ergänzung für **Eiersalat** (Seite 33) und **Veggie-Döner-Teller** (Seite 54).

ZITRONENGRAS- & CURRYPASTE

Sorgen für südostasiatisches oder indisches Flair | machen ein riesiges Gewürzregal überflüssig, da sie schon eine Vielzahl Gewürze enthalten | im Asienregal im Supermarkt oder im Drogeriemarkt erhältlich | scharfe Vindaloo-Currypaste aus Goa gibt **Hackbällchen** (Seite 84) und **Tofubällchen** (Seite 42) richtig Feuer | mild-aromatische gelbe Currypaste würzt **Fischcurry** (Seite 82) und gemeinsam mit Zitronengraspaste **Garnelen-Currysuppe** (Seite 108) auf unnachahmliche Art und Weise | solo kommt Zitronengraspaste in der gleichnamigen **Suppe** (Seite 78) zum aromatischen Einsatz | Tipp: Das Dressing des **Lachs-Carpaccios** (Seite 48) noch mit Zitronengraspaste zitrusfrisch abschmecken.

GREEK SANDWICHES

Mediterraner Mittagssnack

FÜR 2 PERSONEN

1 kleine Dose Kidneybohnen (ca. 120 g Abtropfgewicht)
1 ½ EL Limettensaft
½ TL edelsüßes Paprikapulver
Kräutersalz
Pfeffer
1 kleiner Zucchino
½ EL Öl
70 g Schafskäse (Feta)
1 Tomate
1 Romana-Salatherz
4 Scheiben Low-Carb-Brot (Seite 24)

ZUBEREITUNGSZEIT: 20 MIN.
PRO PERSON: CA. 235 KCAL
16 G EW, 11 G F, 16 G KH

1 Die Bohnen in ein Sieb gießen, abbrausen und abtropfen lassen. Mit 1 EL Limettensaft, Paprikapulver und 1 EL Wasser in einen Mixbecher geben und mit dem Stabmixer fein pürieren. Bohnencreme mit Salz und Pfeffer würzen.

2 Zucchino waschen, putzen, quer halbieren und dann längs in je 4 Scheiben schneiden. Öl in einer Pfanne erhitzen, Zucchinoscheiben darin von beiden Seiten kurz anbraten. Mit übrigem Limettensaft beträufeln, salzen und pfeffern.

3 Feta nicht zu fein zerbröckeln. Tomate waschen und in dünne Scheiben schneiden, dabei den Stielansatz entfernen. Salatherz zerpflücken, waschen und trocken schleudern, die Blätter nach Belieben etwas kleiner zupfen.

4 Die Brotscheiben dick mit der Bohnencreme bestreichen. 2 Scheiben mit reichlich Salat, dann mit Tomate, Feta, Zucchino und wieder Salat belegen. Die übrigen Brotscheiben mit der bestrichenen Seite nach unten daraufklappen, leicht andrücken. Sandwiches quer halbieren, für den Transport in Butterbrotpapier wickeln.

TIPP:
Statt der Bohnen die gleiche Menge gegarte Linsen oder Kichererbsen verwenden – das schmeckt mindestens ebenso gut!

GEMÜSESTICKS MIT QUARK

Knackiges für den kleinen Hunger

FÜR 2 PERSONEN

70 g getrocknete Tomaten (in Öl)
1 Handvoll Basilikumblätter (15 g)
50 g Oliven (ohne Stein)
1 TL Kapern
125 g Magerquark
2 EL Naturjoghurt (1,8 % Fett)
1 TL Honig
1 TL Rotweinessig
Salz
Pfeffer
500 g Gemüse (z. B. Paprikaschoten, Möhren, Zucchini, Salatgurke, Staudensellerie, Kohlrabi)

ZUBEREITUNGSZEIT: 15 MIN.
PRO PERSON: CA. 300 KCAL
12 G EW, 21 G F, 14 G KH

1 Getrocknete Tomaten klein schneiden und im elektrischen Blitzhacker fein zerkleinern. Basilikum, Oliven und Kapern hinzufügen und alles noch mal hacken, diesmal etwas gröber.

2 Quark, Joghurt, Honig und Rotweinessig dazugeben und alles gut vermengen. 2 – 3 EL Wasser unterrühren, bis der Dip eine cremige Konsistenz hat. Mit Salz und Pfeffer würzen.

3 Gemüse putzen und waschen oder schälen und in Sticks (lange Stäbchen) schneiden. Den Dip in zwei Schälchen füllen und jedes auf einen Teller setzen, das Gemüse rundherum verteilen. Oder alles für den Transport verpacken.

TIPP:
Der Dip schmeckt natürlich nicht nur zu rohen Gemüsesticks, auch zu Ofengemüse ist er ein echter Hit!

CAESAR-SCHICHT-SALAT IM GLAS

Klassiker: Ganz neu, ganz anders!

FÜR 2 WECKGLÄSER (À 400 ML)

1 Dose Thunfisch (im eigenen Saft, 130 g Abtropfgewicht)
2 EL Naturjoghurt (1,8 % Fett)
1 EL Zitronensaft
1 EL Rotweinessig
1 EL leichte Salatcreme
1 Knoblauchzehe
Kräutersalz
Pfeffer
1 Romana-Salatherz
1 rote Zwiebel
1 Avocado
125 g Kirschtomaten
40 g Parmesan

ZUBEREITUNGSZEIT: 15 MIN.
PRO GLAS: CA. 445 KCAL
27 G EW, 33 G F, 5 G KH

1 Thunfisch abtropfen lassen, dann mit Joghurt, Zitronensaft, Essig und Salatcreme in eine kleine Schüssel geben. Den Knoblauch schälen und dazupressen. Alles gründlich verrühren, mit Kräutersalz und Pfeffer würzen, etwas süßen (Info Seite 11).

2 Das Salatherz zerpflücken, waschen, trocken schleudern und in breite Streifen schneiden. Die Zwiebel schälen und in dünne Streifen schneiden. Die Avocado längs halbieren, entkernen, schälen und grob würfeln. Die Tomaten waschen und vierteln. Parmesan mit dem Gurkenhobel oder dem Sparschäler in grobe Späne hobeln oder mit den Händen grob zerbröckeln.

3 In die Weckgläser von unten nach oben Romanasalat, Zwiebel, Tomaten, Avocado, Thunfischmasse und Parmesan schichten. Die Weckgläser für den Transport verschließen und den Salat vor dem Verzehr etwas durchziehen lassen. Zum Essen auf Teller geben und durchmischen.

TIPP:

Klassischerweise wird Caesar Salad mit Croûtons serviert. Für Low-Carb-Croûtons 1 Scheibe Low-Carb-Brot (Seite 24) in grobe Würfel schneiden und in ½ EL Öl knusprig rösten, abkühlen lassen und über den Salat streuen.

4 X SÄTTIGENDE SALATE …

MÖHRENSALAT MIT KICHERERBSEN

Für 2 Personen

Pro Person: ca. 335 kcal, 8 g EW, 24 g F, 20 g KH

300 g **Möhren** schälen, in 1 cm dicke Scheiben schneiden, mit 1 EL **Olivenöl** in 150 ml **Wasser** aufkochen, **salzen** und bei mittlerer Hitze 8 Min. dünsten. 125 g **Kichererbsen** (Dose) abspülen, abtropfen lassen. 1 **Knoblauchzehe** schälen, in dünne Scheiben schneiden. Beides nach 5 Min. zu den Möhren geben, mitdünsten. 80 g **Petersilie** abbrausen, trocken schütteln, Blätter abzupfen. 250 g **Kirschtomaten** waschen und halbieren, 30 g **Mandeln** halbieren. 2 EL **Olivenöl**, 1 EL **Zitronensaft**, 2 TL **Sambal Oelek** und 1 TL **Honig** verrühren. Alles vermischen, Salat mit **Kräutersalz**, **Pfeffer** und **Zitronensaft** abschmecken, in Transportbehälter füllen. Zum Servieren kurz in der Mikrowelle erwärmen.

WURSTSALAT MIT BOHNEN

Für 2 Personen

Pro Person: ca. 265 kcal, 8 g EW, 20 g F, 12 g KH

1 **gelbe Paprikaschote** längs halbieren, putzen und waschen. 1 **rote Zwiebel** schälen. Beides in dünne Streifen schneiden. 100 g **Schinkenwurst** ebenfalls in dünne Streifen schneiden. 1 ½ EL **Rotweinessig** und 1 EL **Öl** (z. B. Rapsöl) mit 2 TL **körnigem Senf** verrühren, etwas **süßen** (Info Seite 11). Alles mit 100 g **Selleriesalat** (Glas) und 220 g **grünen Bohnen** (Glas) vermischen. Den Salat mit **Pfeffer** und wenig **Kräutersalz** abschmecken und auf verschließbare Transportbehälter verteilen.

..., bei denen für jeden Geschmack garantiert etwas mit dabei ist – von heimisch herzhaft über sommerlich mediterran bis raffiniert orientalisch.

SPINATSALAT MIT EI

Für 2 Personen
Pro Person: ca. 295 kcal, 14 g EW, 21 g F, 12 g KH

3 **Eier** (M) bei mittlerer Hitze in ca. 6 ½ Min. wachsweich kochen, kalt abschrecken. Für das Dressing je 1 EL **leichte Salatcreme**, **Rotweinessig** und **Rapsöl** sowie 1 TL **Honig** verrühren. Mit **Salz** und **Pfeffer** würzen, nach Belieben noch etwas **süßen** (Info Seite 11). 1 Glas **Artischockenherzen** (165 g Abtropfgewicht) abtropfen lassen. Artischocken ausdrücken und halbieren, dann mit 100 g **Blattsalat-Mix** (mit Spinat) und dem Dressing mischen, auf verschließbare Transportbehälter verteilen. 125 g **Kirschtomaten** waschen und halbieren, Eier schälen und vierteln. Beides mit 100 g **Oliven** (ohne Stein) auf dem Salat verteilen. 1 Kästchen **Gartenkresse** vom Beet schneiden und darüberstreuen.

KOHLRABISALAT MIT MATJES

Für 2 Personen
Pro Person: ca. 350 kcal, 17 g EW, 26 g F, 12 g KH

300 g **Kohlrabi** schälen, dritteln, in dünne Scheiben schneiden. In einem Topf mit Dämpfeinsatz über kochendem Wasser in 5 Min. bissfest dämpfen, abgießen, abtropfen lassen. ½ **rote Zwiebel** schälen, klein würfeln. 1 **Apfel** waschen, entkernen, klein würfeln. 1 Stange **Staudensellerie** waschen, putzen, in dünne Scheiben schneiden. 20 g **Mandeln** hacken. Alles mit 2 EL **saurer Sahne** und 1 ½ EL **Apfelessig** verrühren. Mit **Salz** und **Pfeffer** würzen, etwas **süßen** (Info Seite 11) und in einen Transportbehälter füllen. 1 kleines Bund **Schnittlauch** abbrausen, trocken schütteln, fein schneiden. 150 g **Matjesfilets** in grobe Stücke schneiden, im Schnittlauch wenden, auf den Salat legen.

PUTEN-ZIEGENKÄSE-CANNELLONI

Überraschend anders – und doch vertraut

FÜR 2 PERSONEN

400 g gemischtes Gemüse (z. B. Möhre, Staudensellerie und Zucchini)
100 g Ziegenfrischkäsetaler (auch sehr fein: Ricotta)
1 Knoblauchzehe
Salz
Pfeffer
8 Scheiben Putenbrustaufschnitt (ca. 160 g)
200 g stückige Tomaten (Dose)
2 EL italienische TK-Kräuter
50 g Ziegenschnittkäse (auch sehr fein: Butterkäse)

ZUBEREITUNGSZEIT: 20 MIN. + 25 MIN. BACKEN
PRO PERSON: CA. 370 KCAL
33 G EW, 21 G F, 9 G KH

1 Das Gemüse putzen und waschen oder schälen und in ganz grobe Stücke schneiden. Dann portionsweise im elektrischen Blitzhacker grob hacken. In einem Topf mit Dämpfeinsatz über kochendem Wasser in 4 – 5 Min. bissfest dämpfen, dann abtropfen lassen.

2 Den Backofen auf 200° vorheizen. Ziegenfrischkäse mit einer Gabel zerdrücken und mit dem Gemüse vermischen. Knoblauch schälen und dazupressen. Die Füllung mit Salz und Pfeffer würzen.

3 Die Putenbrustscheiben nebeneinander auf die Arbeitsfläche legen. Die Füllung jeweils in einem dicken Streifen an ein Ende der Putenbrustscheiben setzen, von dort aus einrollen und die Röllchen mit der Öffnung nach unten in zwei kleine Auflaufformen (ca. 15 × 20 cm) legen.

4 Tomaten und Kräuter verrühren, leicht süßen (Info Seite 11) und mit Salz und Pfeffer würzen. Die Tomatenmischung auf den Röllchen verteilen. Ziegenschnittkäse reiben, darüberstreuen.

5 Die Cannelloni im Ofen (Mitte) 22 – 25 Min. backen. Zum Transport vorsichtig in verschließbare Behälter umfüllen oder direkt in den Portionsformen mitnehmen und in der Mikrowelle oder im Ofen erwärmen.

BLUMENKOHLGRATIN MIT LACHS

Ofenklassiker mit köstlicher Käsekruste

FÜR 2 PERSONEN

450 g TK-Blumenkohl
70 g Gruyère-Käse
70 g Schmand
50 ml Milch
2 TL Senf
1 EL Zitronensaft
1 Knoblauchzehe
Kräutersalz
Pfeffer
frisch geriebene Muskatnuss
200 g TK-Lachsfilet (angetaut)

ZUBEREITUNGSZEIT: 15 MIN.
+ 30 MIN. BACKEN
PRO PERSON: CA. 500 KCAL
35 G EW, 36 G F, 10 G KH

1 Den Backofen auf 200° vorheizen. Noch gefrorenen Blumenkohl in einem Topf mit Dämpfeinsatz über kochendem Wasser 5 Min. dämpfen. Dann in ein Sieb abgießen und kalt abschrecken. Mit der Salatschleuder vorsichtig trocken schleudern.

2 Für den Guss Käse fein reiben und mit Schmand, Milch, Senf und Zitronensaft verrühren. Knoblauch schälen und dazupressen. Mit Kräutersalz, Pfeffer und Muskat kräftig würzen, etwas süßen (Info Seite 11).

3 Den Lachs trocken tupfen und grob würfeln. Blumenkohl, Lachs und den Guss in einer Schüssel mischen. Alles auf zwei kleine Auflaufformen (ca. 15 × 20 cm) verteilen. Im Ofen (Mitte) 30 Min. überbacken.

4 Die Blumenkohlgratins vor dem Verzehr leicht abkühlen lassen. Oder die Gratins komplett auskühlen lassen und für den Transport verpacken, dann in den Auflaufformen im Ofen oder in der Mikrowelle erneut erwärmen.

TIPP:
Die Gratins schmecken auch sehr gut mit einer Mischung aus Blumenkohl und Brokkoli. An der Zubereitung ändert sich dabei nichts.

ChariTea
red

4 x RASANTE SUPPEN ...

KÜRBIS-PAPAYA-SUPPE

Für 2 Personen
Pro Person: ca. 400 kcal, 18 g EW, 27 g F, 17 g KH

1 cm **Ingwer** schälen, fein würfeln. In einem Topf ½ EL **Öl** erhitzen. Darin Ingwer und 300 g noch gefrorenen **TK-Hokkaidokürbis** andünsten. Je 200 ml **Gemüsebrühe** und **Kokosmilch** dazugießen, aufkochen, zugedeckt bei schwacher Hitze 10 Min. leise köcheln lassen. ½ **Papaya** entkernen, schälen, würfeln und nach 5 Min. mit 1 EL **Erdnussmus** unter die Suppe rühren. Dann den Herd ausstellen, 1 EL **Limettensaft**, 1 TL **Honig** und 1 TL **Sambal Oelek** in die Suppe geben, etwas **gemahlene Vanille** dazugeben und alles mit dem Stabmixer fein pürieren. Mit **Salz** und **Limettensaft** abschmecken, noch leicht **süßen** (Info Seite 11). 100 g geschälte, gegarte **Garnelen** waschen, in die Suppe geben und 1–2 Min. darin ziehen lassen.

ZITRONENGRASSUPPE

Für 2 Personen
Pro Person: ca. 240 kcal, 20 g EW, 11 g F, 12 g KH

In einem Topf 600 ml **Gemüsebrühe**, 2 TL **Zitronengraspaste**, 4 Scheiben **Ingwer**, 1 EL **Limettensaft**, ½ TL **Sambal Oelek**, 1 TL **braunen Zucker** und 180 g **Bambussprossen** (Glas) zum Kochen bringen, dann zugedeckt bei schwacher Hitze 5 Min. ziehen lassen. Ingwer entfernen, Suppe mit ein wenig **Fischsauce** und **Salz** abschmecken. Zum Servieren Suppe erneut aufkochen, vorbereitete Einlagen damit übergießen und zugedeckt 5 Min. ziehen lassen. Als Einlage eignen sich 200 g **Tofu** (in kleinen Würfeln), 200 g **Kräuterseitlinge** (in dünnen Scheiben), 2 **Frühlingszwiebeln** (in Ringen), 2 EL **gesalzene geröstete Erdnüsse** und etwas **Koriandergrün**. Geht auch: 200 g geschälte, gegarte Garnelen oder 100 g Champignonscheiben!

... und Eintöpfe, die sich wunderbar wieder aufwärmen lassen und dabei vielleicht sogar noch etwas besser schmecken!

VEGGIE-GRÜNKOHLEINTOPF

Für 2 Personen
Pro Person: ca. 385 kcal, 24 g EW, 22 g F, 19 g KH

1 **Zwiebel** schälen und klein würfeln. 20 g **Butter** in einem Topf schmelzen, die Zwiebel darin andünsten. 200 g noch gefrorenen **TK-Grünkohl** und 1 TL **Honig** dazugeben, 5 Min. mitdünsten. ½ l **Gemüsebrühe** angießen, aufkochen und zugedeckt bei schwacher bis mittlerer Hitze 10 Min. köcheln lassen. 1 Pck. **TK-Suppengrün** (75 g) und 100 g noch gefrorene **TK-Erbsen** dazugeben, weitere 12 – 15 Min. köcheln lassen. 50 g **Schmand**, ½ EL **Rotweinessig** und 1 TL **körnigen Senf** unter die Suppe rühren, **salzen** und **pfeffern**. 100 g **vegetarische Snackwürstchen** (Picknicker) in Scheiben schneiden und in der Suppe 2 Min. ziehen lassen.

ZUCCHINI-LAUCH-SUPPE

Für 2 Personen
Pro Person: ca. 365 kcal, 14 g EW, 28 g F, 14 g KH

1 Stange **Lauch** putzen, in Ringe schneiden und waschen. 10 g **Butter** in einem Topf schmelzen, Lauch darin 3 Min. andünsten. 250 g **Zucchini** waschen, putzen, raspeln und dazugeben.
1 **Knoblauchzehe** schälen und dazupressen, Alles weitere 4 Min. dünsten. 400 ml **Gemüsebrühe** dazugießen, aufkochen und zugedeckt bei schwacher Hitze 5 Min. köcheln lassen.
4 **Feigen** waschen, entstielen und vierteln.
80 g **Halloumi** in Scheiben schneiden. ½ EL **Öl** in einer Pfanne erhitzen. Halloumi von beiden Seiten goldbraun braten. Feigen dazugeben, 2 Min. mitbraten. 80 g **Schmand**, ½ EL **Rotweinessig** und 1 EL **TK-Dill** unter die Suppe rühren. Mit **Kräutersalz** und **Pfeffer** würzen. Mit Feigen und Halloumi servieren.

PAPRIKAGULASCH

Low Carb für Genießer

FÜR 2 PERSONEN

- 2 Zwiebeln
- je 1 rote und grüne Paprikaschote
- 250 g Kirschtomaten
- 1 Knoblauchzehe
- 1 EL Öl
- 200 g Schweinegulasch
- 1 TL Lebkuchengewürz
- 1 Msp. gemahlener Kümmel
- 1 EL Rotweinessig
- 2 TL edelsüßes Paprikapulver
- Kräutersalz
- 80 g Schmand
- Pfeffer

ZUBEREITUNGSZEIT: 15 MIN. + 25 MIN. GAREN
PRO PERSON: CA. 400 KCAL
24 G EW, 28 G F, 13 G KH

1 Die Zwiebeln schälen und in dünne Streifen schneiden. Paprikaschoten längs halbieren, putzen, waschen und klein schneiden. Tomaten waschen, Knoblauch schälen und fein würfeln oder durchpressen.

2 Das Öl in einer großen Pfanne erhitzen, die Zwiebeln darin 1 Min. anbraten. Gulasch dazugeben und mitbraten, bis das Fleisch leicht gebräunt ist. Paprikaschoten, Tomaten, Knoblauch, Lebkuchengewürz und Kümmel dazugeben, alles kurz weiterbraten.

3 Den Rotweinessig, Paprikapulver und 200 ml Wasser dazugeben, das Gulasch mit Kräutersalz würzen und zugedeckt bei schwacher Hitze 22 – 25 Min. garen.

4 Dann 50 g Schmand unters Paprikagulasch rühren, mit Kräutersalz und Pfeffer abschmecken. Zum Servieren noch mal je 1 Klecks vom übrigen Schmand daraufgeben.

TIPP:
Lust auf Gulasch nach Szegediner Art? Dann einfach 1 Paprikaschote weglassen und stattdessen 150 g Sauerkraut mitgaren. Beim Würzen noch etwas süßen (Info Seite 11).

GELBES FISCHCURRY

Herrlich bunt und aromatisch

FÜR 2 PERSONEN

1 Fenchel (mit Grün)
1 rote Paprikaschote
1 Stange Staudensellerie
1 Orange
20 g Butter
2 TL gelbe Currypaste
200 ml Gemüsebrühe
1 TL Honig
50 g Schmand
½ TL gemahlene Kurkuma
200 g TK-Fischfilet (Seelachs oder Kabeljau; aufgetaut)
1 Handvoll Basilikumblätter
½ EL Limettensaft
Salz

ZUBEREITUNGSZEIT: 25 MIN.
PRO PERSON: CA. 285 KCAL
22 G EW, 12 G F, 21 G KH

1 Den Fenchel waschen, putzen und klein schneiden, das Fenchelgrün beiseitelegen. Die Paprika längs halbieren, putzen, waschen und klein schneiden. Sellerie waschen, putzen und in dünne Scheiben schneiden.

2 Fenchel in einem Topf mit Dämpfeinsatz über kochendem Wasser 8 Min. dämpfen. Dabei nach 2 Min. Paprika und Sellerie dazugeben.

3 Inzwischen die Orange filetieren. Dafür so schälen, dass auch die weiße Haut mit entfernt wird. Dann die Filets zwischen den Trennhäutchen herausschneiden. Aus dem Orangenrest den Saft auspressen und auffangen. Gemüse abgießen, kalt abschrecken, abtropfen lassen.

4 Die Butter in einem Topf schmelzen, die Currypaste darin andünsten. Gemüsebrühe, Honig, Orangensaft, Schmand und Kurkuma dazugeben, zum Kochen bringen und bei schwacher Hitze 4 Min. köcheln lassen.

5 Fischfilet grob würfeln. Mit dem Gemüse in das Curry geben und zugedeckt bei schwacher Hitze 5 Min. ziehen lassen. Dann beiseitegelegtes Fenchelgrün grob hacken und mit Orangenfilets, Basilikum und Limettensaft unterrühren. Mit Salz abschmecken, nach Belieben noch etwas süßen (Info Seite 11).

VINDALOO-CURRY MIT HACK

Klassiker aus Goa neu interpretiert

FÜR 2 PERSONEN

200 g Schweinehackfleisch
2 TL Sambal Oelek
Salz
1 Zwiebel
200 g Möhren
½ rote Paprikaschote
½ EL Öl
2 TL rote Vindaloo-Currypaste
400 ml Gemüsebrühe
100 g TK-Erbsen
1 Dose stückige Tomaten (400 g)
2 EL Naturjoghurt (1,8 % Fett)

ZUBEREITUNGSZEIT: 30 MIN.
PRO PERSON: CA. 415 KCAL
26 G EW, 24 G F, 21 G KH

1 Das Hackfleisch mit Sambal Oelek und Salz würzen. Aus der Masse 10 Hackbällchen formen. Zwiebel schälen und in kleine Würfel schneiden. Die Möhren schälen und in dünne Scheiben schneiden. Die Paprikaschote putzen, waschen und grob würfeln.

2 Öl in einem Topf erhitzen, die Zwiebel darin anbraten. Currypaste dazugeben und kurz mitbraten. Dann nach und nach die Brühe angießen und jeweils etwas einkochen lassen.

3 Möhren, Paprikaschote, noch gefrorene Erbsen und die Tomaten dazugeben, zum Kochen bringen und zugedeckt bei schwacher Hitze 15 Min. köcheln lassen, dabei nach 5 Min. die Hackbällchen dazugeben.

4 Das Curry mit Salz abschmecken, etwas süßen (Info Seite 11). Zum Servieren jeweils 1 Klecks Joghurt auf jede Portion Curry geben.

TIPP:
Besonders kräftig schmeckt das Vindaloo-Curry, wenn es – ganz unindisch – mit Rinderfond und Hackbällchen aus Rindfleisch zubereitet wird. Unbedingt mal probieren!

PIMENTON
PICANTE
Mari-Paz
PAPRIKA
EXPORTADOR DE PIMENTON AZAFRANES Y ESPECIAS
© 1945 MILTON BRADLEY CO.
UNDER BERNE AND UNIVERSAL
COPYRIGHT CONVENTIONS
7620
MILTON BRADLEY COMPANY
SPRINGFIELD, MASSACHUSETTS

WARME ABENDESSEN

Leichte Sattmacher für ein gutes Bauchgefühl

DIE SCHNELLEN 4 FÜR WARME ABENDESSEN

HACKFLEISCH

-->

Blitzschnell gebraten, daher fauler als faul | nur kurz haltbar, daher immer kurzfristig kaufen und schnell aufbrauchen | Rinderhack ist magerer als gemischtes Hackfleisch | echte Heimatküche in **Spitzkohlpfanne** (Seite 95) oder als Zwiebelmett in **Sauerkrautgratin** (Seite 100) | mit mediterraner Note als **Überbackene Fleischpflanzerl** (Seite 102) | mal überraschend anders auf Vindaloo-Art als Hackbällchen im **Curry** (Seite 84) | Tipp: Bei **Grillgemüse-Lasagne** (Seite 104) die Hälfte der Zucchini- und Auberginenscheiben zu Beginn der Backzeit dünn mit 150 g Rinderhackfleisch (mit Salz und Pfeffer gewürzt) belegen.

GARNELEN

<--

Egal ob aus dem Tiefkühl- oder Kühlregal: bereits geschälte, gegarte Garnelen sind das perfekte Lebensmittel für faule Low-Carb-Fans – kaum Fett, keine Carbs, viel Eiweiß, wenig Kalorien – dazu ganz fix gegart und megalecker | ausschließlich aus nachhaltigem Fang oder aus Bio-Zucht nehmen | als TK-Ware prima Einlage für würzige Suppen wie **Garnelen-Currysuppe** (Seite 108), **Kürbis-Papaya-Suppe** (Seite 78) oder als Tofu-Ersatz in **Zitronengrassuppe** (Seite 78) | kleines Fingerfood-Highlight auf **Chicoréeschiffchen** (Seite 45) | chiliwürzig im **Avocadosalat** (Seite 58) | sommerlich als imposante Black-Tiger-Garnelen mit **Paprika-Apfel-Salsa** (Seite 95) | schmeckt auch als Roastbeef-Ersatz in **Thai-Salat** (Seite 60).

TK-SUPPENGEMÜSE & TK-SUPPENGRÜN

Faule Basis-Mischung aus Möhren, Sellerie, Lauch, Blumenkohl, Bohnen, Erbsen und Petersilie | durch das Tiefkühlen bleibt das Gemüse knackig und behält einen großen Teil der Vitamine | verleiht Gerichten, besonders Suppen und Aufläufen, eine milde Grundwürze | feiner gewürfelt auch als Mini-Packung Suppengrün erhältlich | superpraktisch als Einlage in **Käsesuppe** (Seite 108), **Orientalischer Gemüsesuppe** (Seite 109) und **Frühlings-Minestrone** (Seite 110) | harmoniert auch wunderbar mit Kohl in der **Spitzkohlpfanne** (Seite 95), im **Sauerkrautgratin** (Seite 100) und als Suppengrün im **Veggie-Grünkohleintopf** (Seite 79) | wenn es noch schneller gehen soll, auch ein guter Gemüseersatz im **Fischcurry** (Seite 82): 250 g in der Sauce ca. 8 Min. gar köcheln, dann den Fisch darin gar ziehen lassen.

BÄRLAUCHPESTO & TK-KRÄUTER

Garantieren rund ums Jahr auf dem Teller frisches Grün mit reichlich Aroma | TK-Favorit sind italienische Kräuter | Schnittlauch, Basilikum und Dill schmecken dagegen am besten frisch | Bärlauchpesto hat ein kräftiges, knoblauchartiges Aroma und würzt **Überbackene Fleischpflanzerl** (Seite 102) und **Frühlings-Minestrone** (Seite 110) kräftig | italienische TK-Kräuter aromatisieren mediterran angehauchte Gerichte wie **Grillgemüse-Lasagne** (Seite 104) oder **Ofengemüse** (Seite 96) | Tipp: Bärlauchpesto nach Belieben mal durch andere Pestosorten – etwa durch klassisches Pesto alla Genovese oder nussig-herbes Rucolapesto ersetzen.

ZITRONENHÄHNCHEN MIT SPINAT

Mit zitrusfrischer Knusperkruste

FÜR 2 PERSONEN

40 g Butter
1 Knoblauchzehe
1 Bio-Zitrone
1 EL gehackte Mandeln
1 EL Weizenkleie
Salz
Pfeffer
2 Hähnchenbrustfilets (à 200 g)
1 EL Öl
400 g TK-Spinat (nicht zu Blöcken gepresst)
frisch geriebene Muskatnuss

ZUBEREITUNGSZEIT: 20 MIN.
+ 25 MIN. BACKEN
PRO PERSON: CA. 410 KCAL
53 G EW, 20 G F, 4 G KH

1 Den Backofen auf 130° vorheizen. 20 g Butter schmelzen, den Knoblauch schälen und dazupressen. Zitrone heiß waschen und abtrocknen, Schale fein abreiben, Saft auspressen. Mandeln, Weizenkleie, Zitronenschale und 1 EL Zitronensaft unterrühren, mit Salz und Pfeffer würzen.

2 Hähnchenbrustfilets waschen und trocken tupfen. Öl in einer Pfanne erhitzen, Fleisch darin rundherum in ca. 5 Min. hellbraun anbraten, dann aus der Pfanne nehmen.

3 Noch gefrorenen Spinat mit der restlichen Butter in die Pfanne geben und 5 Min. andünsten. Mit Muskat und ½–1 EL Zitronensaft würzen, mit Salz und Pfeffer abschmecken.

4 Den Spinat auf zwei kleine Auflaufformen (ca. 15 × 20 cm) verteilen. Hähnchenbrustfilets darauflegen, Buttermasse darauf verteilen und leicht andrücken. Im Ofen (Mitte) 18 – 20 Min. garen. Dann den Grill zuschalten und die Filets in 3 – 5 Min. goldbraun grillen.

CUCINA CASALINGA POPOLARE
il CASOLARE

CHILILACHS MIT SPARGEL

Exotisch-würziger Frühlingshit

FÜR 2 PERSONEN

---

30 g Butter
2 EL Limettensaft
1 TL Sambal Oelek
10 g Sesamsamen
1 EL Weizenkleie
Salz
Pfeffer
2 TK-Lachsfiletstücke (à ca. 130 g)
500 g grüner Spargel
1 TL Olivenöl

ZUBEREITUNGSZEIT: 20 MIN. + 18 MIN. BACKEN
PRO PERSON: CA. 465 KCAL
29 G EW, 36 G F, 5 G KH

1 Backofen auf 200° vorheizen, den Rost mit Backpapier auslegen. 20 g Butter schmelzen, dann mit 1 EL Limettensaft, Sambal Oelek, Sesam und Weizenkleie verrühren. Mit Salz und Pfeffer würzen.

2 Den Lachs waschen, trocken tupfen, in eine kleine Auflaufform legen und die Buttermasse gleichmäßig darauf verteilen. Im Ofen (Mitte) auf dem Rost 15 Min. garen.

3 Inzwischen Spargel waschen und im unteren Drittel schälen, Enden abschneiden. Die Spargelstangen nebeneinander auf den Rost neben die Form legen. Mit Olivenöl einpinseln und mit etwas Salz bestreuen. Den Spargel im Ofen (Mitte) ca. 10 Min. mitgaren. Dann den Grill zuschalten und alles noch 2 – 3 Min. übergrillen.

4 Restliche Butter schmelzen, mit übrigem Limettensaft verrühren, mit Salz und Pfeffer würzen. Fisch und Spargel aus dem Ofen nehmen. Spargelstangen nebeneinander auf zwei Teller legen. Mit der Limettenbutter beträufeln. Den Lachs darauf anrichten.

COGNAC
CAMUS

4 X FLINKE PFANNENGERICHTE …

HALLOUMI-PUFFER

Für 4 Personen
Pro Person: ca. 335 kcal, 21 g EW, 26 g F, 6 g KH

200 g **Zucchini** waschen, putzen, raspeln, mit etwas **Salz** mischen und 10 Min. ziehen lassen, dann kräftig ausdrücken. 1 Bund **Frühlingszwiebeln** putzen, waschen, in dünne Ringe schneiden. 200 g **Halloumi** raspeln, 50 g **Kürbiskerne** im elektrischen Blitzhacker fein zermahlen. 2 **Knoblauchzehen** schälen und durchpressen. Alles mit 3 **Eiern** (M), 1 EL **Zitronensaft** und 2 EL **TK-Dill** in eine Schüssel geben, mit **Pfeffer** und wenig **Salz** würzen, gut vermengen. Aus der Masse 12 ca. 2 cm dicke Bratlinge formen. In zwei Portionen in einer Pfanne in je 2 EL **Öl** bei mittlerer Hitze von beiden Seiten in je 5 Min. goldbraun braten, auf Küchenpapier abtropfen lassen. Perfekt dazu: grüner Salat oder Gurkensalat und Tsatsiki.

TOFU MIT ERDNUSSSAUCE

Für 2 Personen
Pro Person: ca. 485 kcal, 31 g EW, 29 g F, 22 g KH

300 g **Tofu** grob würfeln. Je 1 **rote** und **gelbe Paprikaschote** putzen, waschen, klein schneiden. 125 g **Shiitakepilze** putzen, entstielen, halbieren. Tofu in einer Pfanne in 1 EL **Öl** ca. 4 Min anbraten. Paprika dazugeben, weitere 5 Min. braten. Pilze dazugeben, noch mal 4 Min. braten. 150 g noch gefrorenen **TK-Blattspinat** (nicht in Blöcke gepresst) und 1 EL **Sesamsamen** untermischen, mit je 3 EL **Sojasauce** und **Limettensaft** ablöschen. Alles 3 Min. garen, mit **Salz** würzen. 100 ml **Wasser** mit 40 g **Erdnussmus** (ungesüßt), 1 EL **Sojasauce**, 2 TL **Sambal Oelek,** 1 durchgepressten **Knoblauchzehe** und 1 – 2 EL **Limettensaft** glatt rühren und kurz köcheln lassen, **salzen**. Gemüse auf Teller verteilen, Erdnusssauce in Schälchen dazu reichen.

..., die Abwechslung auf den Teller bringen und gleichzeitig genügend Zeit lassen, den Feierabend entspannt zu genießen.

SPITZKOHLPFANNE

Für 2 Personen
Pro Person: ca. 430 kcal, 28 g EW, 30 g F, 10 g KH

350 g **Spitzkohl** waschen, putzen und in grobe Stücke schneiden. 1 **Zwiebel** schälen und wie auch 50 g **getrocknete Tomaten** (in Öl) klein würfeln. In einer Pfanne 1 TL **Öl** erhitzen, 200 g **Rinderhackfleisch** darin bröselig braten. Zwiebel mit 225 g noch gefrorenem **TK-Suppengemüse** dazugeben und ca. 2 Min. mitbraten. Kohl und Tomaten untermischen, alles weitere 2 Min. braten. 1 Msp. **gemahlenen Kümmel** und ½ EL **Rotweinessig** dazugeben, 100 ml **Wasser** angießen, mit **Kräutersalz** würzen, zugedeckt bei mittlerer Hitze 5 – 7 Min. köcheln lassen. Mit **Kräutersalz**, **Pfeffer** und **Rotweinessig** abschmecken, auf Teller verteilen. Mit 1 EL **TK-Dill** (oder auch frisch gehacktem Dill) bestreuen.

GARNELEN MIT PAPRIKA-APFEL-SALSA

Für 2 Personen
Pro Person: ca. 265 kcal, 14 g EW, 17 g F, 12 g KH

1 EL **Olivenöl**, 1 EL **Limettensaft**, 1 TL **Sambal Oelek**, 1 durchgepresste **Knoblauchzehe** und etwas **Salz** verrühren. 200 g noch gefrorene **TK-Black-Tiger-Garnelen** (gegart und mit aufgeschnittener Schale) mit der Marinade vermischen und in 2 Std. auftauen lassen, dabei gelegentlich wenden. Für die Salsa 1 **rote Paprikaschote** putzen, waschen und klein würfeln. 1 **Apfel** (z. B. Elstar) waschen, entkernen, klein würfeln. 2 **Frühlingszwiebeln** putzen, waschen, in feine Ringe schneiden. Alles mit 2 EL **Limettensaft**, 2 EL **Olivenöl** und ½ TL **Cayennepfeffer** verrühren. Mit **Salz** und **Pfeffer** würzen, etwas durchziehen lassen. Garnelen samt Marinade in eine Pfanne geben, bei mittlerer Hitze 5 – 7 Min. braten, **salzen**. Mit der Salsa auf Tellern anrichten.

OFENGEMÜSE MIT FETA

Buntes Blech blitzschnell bereitet

FÜR 2 PERSONEN

1 Rote Bete
1 Fenchel
2 EL Olivenöl
1 gelbe Paprikaschote
1 rote Zwiebel
1 EL Rotweinessig
Kräutersalz
50 g Oliven (ohne Stein)
2 EL italienische TK-Kräuter
1–2 EL Sesamsamen
100 g Schafskäse (Feta)
Pfeffer

ZUBEREITUNGSZEIT: 20 MIN. + 35 MIN BACKEN
PRO PERSON: CA. 395 KCAL
14 G EW, 28 G F, 19 G KH

1 Den Backofen samt Blech auf 200° vorheizen. Die Rote Bete schälen, vierteln, in ½ cm dicke Scheiben schneiden. Den Fenchel waschen, putzen, in 1 cm dicke Spalten schneiden. Beides in separaten Schüsseln mit je ½ EL Olivenöl gründlich mischen.

2 Das heiße Backblech vorsichtig aus dem Ofen nehmen und mit Backpapier auslegen. Darauf zunächst die Rote-Bete-Scheiben, darüber die Fenchelspalten verteilen. Das Gemüse im Ofen (Mitte) 30 – 35 Min. backen.

3 Inzwischen die Paprikaschote längs halbieren, putzen, waschen und grob würfeln. Die Zwiebel schälen und in dicke Spalten schneiden. Beides mit übrigem Olivenöl mischen, nach 5 Min. Backzeit aufs Blech geben und mitbacken.

4 Nach weiteren 10 Min. das Blech kurz aus dem Ofen nehmen, alles mit Rotweinessig beträufeln und mit Kräutersalz würzen. Oliven, Kräuter und Sesam über dem Gemüse verteilen, den Feta darüberbröckeln. Blech wieder in den Ofen schieben und das Gemüse in den übrigen 15 – 20 Min. fertiggaren. Vor dem Servieren mit Kräutersalz und Pfeffer abschmecken.

TIPP:
Das bunte Ofengemüse schmeckt pur ausgezeichnet – heiß oder auch lauwarm. Wer mag, kann dazu noch Tsatsiki auf den Tisch stellen oder den Avocadodip von Seite 45 (Rezept Chicoréeschiffchen).

SEELACHS IM PÄCKCHEN

Sanft gegartes Aromawunder

FÜR 2 PERSONEN

1 kleine Aubergine
1 Zucchino
250 g Kirschtomaten
200 g Hokkaidokürbis (entkernt gewogen)
2 EL Olivenöl
1 Knoblauchzehe
100 ml Gemüsebrühe
½ EL Rotweinessig
Salz
Pfeffer
4 Stücke TK-Seelachsfilet (à 100 g)
2 EL italienische TK-Kräuter

ZUBEREITUNGSZEIT: 20 MIN. + 30 MIN. BACKEN
PRO PERSON: CA. 320 KCAL
39 G EW, 12 G F, 12 G KH

1 Den Backofen samt Blech (Mitte) auf 200° vorheizen. Aubergine und Zucchino waschen, putzen, der Länge nach vierteln und quer in dünne Scheiben schneiden. Die Tomaten waschen. Kürbis waschen und klein würfeln.

2 In einer Pfanne 1 EL Öl erhitzen. Die Aubergine darin 6–7 Min. anbraten. Zucchino, Tomaten und Kürbis dazugeben und 4 Min. mitbraten. Knoblauch schälen und dazupressen. Brühe und Essig dazugeben, Flüssigkeit einkochen lassen, Gemüse salzen und pfeffern.

3 Gemüse auf 2 Bögen Backpapier verteilen, je 2 Stücke Seelachsfilet darauflegen, salzen, pfeffern, mit dem restlichen Öl beträufeln und mit je 1 EL Kräutern bestreuen. Papier der Länge nach über der Füllung zusammenfalten, äußere Enden gut zusammendrehen (wie bei einem Bonbon). Die Päckchen auf das Blech legen und Gemüse und Fisch im Ofen 30 Min. garen.

TIPP:
Auch andere weiße Fischfilets (z. B. Schellfisch oder Zander), Lachsfilet oder Garnelen können auf diese Art zubereitet werden. Und Veggies verwenden Fetakäse!

SAUERKRAUTGRATIN

Herrlich Deftiges für den Winter

FÜR 2 PERSONEN

20 g Butter
1 Wacholderbeere
Salz
1 Stange Lauch
400 g Sauerkraut (Dose)
150 g TK-Suppengemüse
50 g Frischkäse (Doppelrahm oder mit Joghurt)
100 g Zwiebelmett
Pfeffer
80 g Ziegenkäserolle

ZUBEREITUNGSZEIT: 20 MIN. + 20 MIN. BACKEN
PRO PERSON: CA. 400 KCAL
23 G EW, 29 G F, 8 G KH

1 In einem Topf 50 ml Wasser mit Butter und der zerdrückten Wacholderbeere erhitzen, mit etwas Salz würzen. Den Lauch putzen, in dünne Ringe schneiden, waschen, in den Sud geben und bei mittlerer Hitze ca. 4 Min. dünsten.

2 Den Backofen auf 200° vorheizen. Sauerkraut abtropfen lassen, dann mit noch gefrorenem Suppengemüse und Frischkäse zum Lauch geben. Alles aufkochen und zugedeckt 10 Min. köcheln lassen.

3 Dann das Zwiebelmett mit den Fingern nicht zu fein zerpflücken, unter das Gemüse mischen und noch 2 Min. ziehen lassen.

4 Das Gemüse nach Belieben etwas süßen (Info Seite 11), mit Pfeffer und Salz würzen. Alles auf zwei kleine Auflaufformen (ca. 20 × 15 cm) verteilen. Im Ofen (Mitte) 20 Min. backen. Dabei nach 10 Min. Ziegenkäse in dünne Scheiben schneiden und auf den Gratins verteilen.

TIPP:
Auch sehr fein: Ziegenkäse durch Taleggio ersetzen. Und Liebhaber von sehr herzhaften Käsesorten verwenden statt des Ziegenkäses unbedingt einmal Gorgonzola!

4
about

ÜBERBACKENE FLEISCHPFLANZERL

Rustikal & bärlauchwürzig

1 Den Backofen auf 120° vorheizen, ein Backblech mit Backpapier auslegen. Für die Fleischpflanzerl Hackfleisch, 2 TL Pesto, Ei und Weizenkleie in eine Schüssel geben, mit Salz und Pfeffer würzen und kräftig verkneten. Aus der Hackmasse 4 flache Fleischpflanzerl formen.

FÜR 2 PERSONEN

175 g gemischtes Hackfleisch
4 TL Bärlauchpesto
1 Ei (M)
2 EL Weizenkleie
Salz
Pfeffer
1 EL Öl
1 Tomate
4 kleine Scheiben Ziegengouda (ersatzweise herkömmlicher Gouda)
350 g Zucchini
250 g Champignons oder Egerlinge
1 Pck. TK-Zwiebel-Duo
½ EL Rotweinessig

ZUBEREITUNGSZEIT: 35 MIN.
PRO PERSON: CA. 475 KCAL
33 G EW, 34 G F, 9 G KH

2 In einer Pfanne ½ EL Öl erhitzen. Fleischpflanzerl darin von beiden Seiten in je 3 – 4 Min. braun braten, herausnehmen und auf das Blech legen. Die Pfanne säubern. Tomate waschen und in dünne Scheiben schneiden, dabei den Stielansatz entfernen.

3 Die Fleischpflanzerl mit den Tomatenscheiben und dem Ziegengouda belegen und jeweils noch ½ TL Bärlauchpesto daraufgeben. Im Ofen (Mitte) ca. 8 Min. überbacken.

4 Zucchini waschen, putzen, längs halbieren und quer in dünne Scheiben schneiden. Pilze putzen, entstielen und ebenfalls in dünne Scheiben schneiden. Übriges Öl in der Pfanne erhitzen, Zucchini und Pilze darin mit dem Zwiebel-Duo 5 – 6 Min. anbraten.

5 Den Backofengrill zuschalten und die Fleischpflanzerl noch 1 – 2 Min. grillen, bis der Käse ganz leicht gebräunt ist.

6 Das Gemüse mit dem Rotweinessig würzen und nach Belieben leicht süßen (Info Seite 11), mit Salz und Pfeffer abschmecken. Das Gemüse auf zwei Teller verteilen und die Fleischpflanzerl darauf anrichten.

GRILLGEMÜSE-LASAGNE

Der Beweis: Eine gute Lasagne braucht keine Nudeln!

FÜR 2 PERSONEN

1 kleine Aubergine
1 Zucchino
1 Knoblauchzehe
2 EL Olivenöl
Salz
200 g Austernpilze
1 Dose stückige Tomaten (400 g)
1 TL Honig
2 EL italienische TK-Kräuter
70 g herzhafter Schnittkäse
(z. B. Bergkäse)
Pfeffer

ZUBEREITUNGSZEIT: 45 MIN.
PRO PERSON: CA. 320 KCAL
17 G EW, 22 G F, 13 G KH

1 Den Backofen auf 200° vorheizen, ein Blech mit Backpapier auslegen. Aubergine und Zucchino waschen, putzen und der Länge nach jeweils in 8 Scheiben schneiden. Knoblauch schälen, die Hälfte zu dem Olivenöl pressen, leicht salzen.

2 Die Gemüsescheiben mit etwas Knoblauchöl einpinseln, nebeneinander auf das Blech legen und im Ofen (Mitte) 25 Min. backen. Austernpilze putzen, ebenfalls mit Knoblauchöl bepinseln und nach 10 Min. neben das Gemüse auf das Blech geben.

3 In einem Topf Tomaten mit Honig aufkochen. Restlichen Knoblauch dazupressen, salzen. Offen bei schwacher Hitze 10 Min. köcheln lassen, nach der Hälfte der Zeit die Kräuter dazugeben.

4 Den Bergkäse reiben und über die Hälfte der Zucchino- und Auberginenscheiben streuen. Weitere 5 Min. überbacken, bis der Käse geschmolzen ist. Tomatensauce mit Salz und Pfeffer abschmecken, warm halten.

5 Auf zwei Teller abwechselnd Aubergine und Zucchino übereinanderschichten. Dabei darauf achten, dass in jeder Schicht ein mit Käse überbackenes Stück liegt. Auf jede zweite Schicht zusätzlich Pilze geben und zwischen jede Schicht Tomatensauce träufeln. Voilà, fertig ist die nudellose Lasagne!

acqua minerale

HÄHNCHENKEULEN »MAROKKO«

Ofenklassiker mal anders

1 Den Backofen auf 200° vorheizen, ein Blech mit Backpapier auslegen und in den Ofen (Mitte) schieben. Für die Marinade 1 EL Olivenöl mit ½ TL Honig und 1 TL Ras el-Hanout cremig verrühren. Knoblauch schälen und ½ Zehe dazupressen, die Marinade mit Salz würzen.

FÜR 2 PERSONEN

---

2 EL Olivenöl
1 TL Honig
2 TL Ras el-Hanout (marokkanische Gewürzmischung)
2 Knoblauchzehen
Salz
2 Hähnchenkeulen (à ca. 300 g)
1 Dose Kichererbsen (165 g Abtropfgewicht)
1 rote Zwiebel
125 g Kirschtomaten
225 g TK-Hokkaidokürbis
1 EL Sesamsamen
1 EL Zitronensaft
Pfeffer

ZUBEREITUNGSZEIT: 25 MIN. + 45 MIN BACKEN
PRO PERSON: CA. 570 KCAL
47 G EW, 34 G F, 18 G KH

2 Hähnchenkeulen gut trocken tupfen, mit der Marinade bestreichen und mit der Hautseite nach oben auf das Blech legen. Im Ofen 45 Min. grillen, dabei zweimal nach je 15 Min. wenden.

3 Für das Gemüse die Kichererbsen in ein Sieb gießen, abbrausen und abtropfen lassen. Die Zwiebel schälen und klein würfeln. Tomaten waschen und halbieren.

4 Restliches Öl in einer Pfanne erhitzen. Zwiebel, noch gefrorenen Kürbis und Kichererbsen darin ca. 8 Min. braten. Dabei nach 2 Min. restlichen Knoblauch dazupressen, Tomaten, Sesam und das übrige Ras el-Hanout dazugeben und mitbraten.

5 Zitronensaft und übrigen Honig unter das Gemüse rühren, mit Salz und Pfeffer würzen und auf zwei Teller verteilen. Die Hähnchenkeulen darauf anrichten.

TIPP:
Sehr gut schmeckt zu den marokkanischen Hähnchenkeulen Tsatsiki oder der Avocadodip von Seite 45 (Rezept Chicoréeschiffchen). Unbedingt mal probieren!

4 X WOHLIG WÄRMENDE SUPPEN ...

KÄSESUPPE

Für 2 Personen
Pro Person: ca. 390 kcal, 29 g EW, 25 g F, 7 g KH

In einem Topf 10 g **Butter** schmelzen. Darin 150 g noch gefrorenes **TK-Suppengemüse** und 1 Pck. **TK-Zwiebel-Duo** ca. 3 Min. andünsten. 50 g **magere Schinkenwürfel** dazugeben, 1 **Knoblauchzehe** schälen und dazupressen, 2 Min. weiterdünsten. 150 g **Frischkäse** (Doppelrahm oder mit Joghurt) und 100 g **Raclettekäse** hinzufügen und schmelzen lassen. Nach und nach ½ l warme **Gemüsebrühe** angießen, zum Kochen bringen und bei schwacher Hitze 1 – 2 Min. köcheln lassen. Die **Käsesuppe** mit reichlich **Pfeffer** und 1 – 2 EL **Rotweinessig** würzen. Nach Belieben etwas **süßen** (Info Seite 11). Die Suppe auf tiefe Teller oder Suppenschalen verteilen, mit 1 EL frischen oder **TK-Schnittlauchröllchen** bestreuen.

GARNELEN-CURRYSUPPE

Für 2 Personen
Pro Person: ca. 350 kcal, 19 g EW, 25 g F, 11 g KH

In einem Topf in 1 EL **Öl** 1 EL **gelbe Currypaste** (ersatzweise rote oder grüne) und 2 TL **Zitronengraspaste** andünsten, bis es fein duftet. 200 ml **Kokosmilch** und 300 ml **Wasser** angießen, **salzen**, aufkochen. 1 **gelbe Paprikaschote** putzen, waschen, klein würfeln. 150 g **junge Zucchini** waschen, putzen, in dicke Scheiben schneiden. Beides mit 225 g noch gefrorenen **TK-Garnelen** (gegart und geschält) in die Suppe geben, zugedeckt bei schwacher Hitze 7 Min. köcheln lassen. Nach 4 Min. 125 g **Kirschtomaten** waschen, halbieren und dazugeben. Mit 1 – 2 EL **Limettensaft** und **Salz** abschmecken. 3 **Frühlingszwiebeln** putzen, waschen, in dünne Ringe schneiden und 1 Min. in der Suppe ziehen lassen. Tipp: Nach Belieben noch etwas Koriandergrün über die Suppe streuen.

..., die alles vereinen, was ein Abendessen braucht: Sie sind leicht verdaulich, schmecken richtig lecker und haben kaum Kohlenhydrate!

SPITZKOHLEINTOPF

Für 2 Personen
Pro Person: ca. 380 kcal, 29 g EW, 22 g F, 13 g KH

In einem Topf ½ l **Gemüsebrühe** aufkochen. 1 **Knoblauchzehe** schälen und dazupressen. Nach Belieben 1 **Nelke**, 1 **Wacholderbeere** und 1 **Pimentkorn** dazugeben. 150 g **Möhren** schälen, in dünne Scheiben schneiden. 1 **rote Paprikaschote** putzen, waschen und klein würfeln. Beides in den Topf geben. 300 g **Spitzkohl** waschen, putzen, in breite Streifen schneiden. In der Brühe bei schwacher bis mittlerer Hitze zugedeckt 5 Min. köcheln lassen. 200 g **Minutensteaks** (vom Schwein) in dünne Streifen schneiden. 150 g **Egerlinge** putzen und in dicke Scheiben schneiden. Beides mit 100 g **Sahne** in die Suppe geben, aufkochen und bei schwacher Hitze zugedeckt 5 Min. köcheln lassen. Die Suppe mit **Kräutersalz**, **Pfeffer** und 1 – 2 EL **Rotweinessig** abschmecken.

ORIENTALISCHE GEMÜSESUPPE

Für 2 Personen
Pro Person: ca. 290 kcal, 12 g EW, 13 g F, 26 g KH

In einem Topf 600 ml **Gemüsebrühe** mit 150 g noch gefrorenem **TK-Suppengemüse**, 40 g **roten Linsen**, 2 TL **Ras el-Hanout** (marokkanische Gewürzmischung) und 1 TL **Honig** erhitzen. 1 **Knoblauchzehe** schälen und fein schneiden, 250 g **Kirschtomaten** waschen. Beides in die Brühe geben, zugedeckt bei schwacher bis mittlerer Hitze 10 Min. köcheln lassen. 2 EL **Sesamsamen** in einer Pfanne ohne Fett anrösten. Mit 100 g **Naturjoghurt** verrühren, **salzen**. 150 g **Zucchini** waschen, putzen, klein würfeln und in 1 EL **Olivenöl** goldbraun anbraten. Die Suppe mit 2 TL **abgeriebener Bio-Zitronenschale**, ½ EL **Zitronensaft** und **Salz** abschmecken, Zucchini dazugeben. Mit Sesamjoghurt servieren.

FRÜHLINGS-MINESTRONE

Blitzschnell auf dem Teller und mit Bärlauchpesto ein Gedicht

FÜR 2 PERSONEN

600 ml Gemüsebrühe
300 g TK-Suppengemüse
1 Dose Kidneybohnen
(130 g Abtropfgewicht)
150 g Zucchini
2 EL italienische TK-Kräuter
50 g Parmesan
4 TL Bärlauchpesto
½–1 EL Rotweinessig
Salz
Pfeffer

ZUBEREITUNGSZEIT: 20 MIN.
PRO PERSON: CA. 270 KCAL
17 G EW, 11 G F, 20 G KH

1 Die Gemüsebrühe mit noch gefrorenem Suppengemüse in einem Topf zum Kochen bringen. Dann zugedeckt bei schwacher bis mittlerer Hitze 10 Min. köcheln lassen.

2 Die Bohnen in ein Sieb gießen, abbrausen und abtropfen lassen. Zucchini schälen und klein würfeln. Beides mit den Kräutern nach 5 Min. in die Suppe geben.

3 Den Parmesan grob zerbröckeln. 2 TL Pesto und ½ EL Essig unter die Suppe rühren. Mit Salz, Pfeffer und nach Belieben übrigem Essig abschmecken. Die Suppe auf zwei Suppenschalen verteilen. Je 1 TL Pesto daraufgeben und den Parmesan darüberstreuen.

TIPP:
Die Minestrone schmeckt – ganz klassisch italienisch – statt mit Kidneybohnen auch mit der gleichen Menge Cannellini-Bohnen.

VIETNAM-SUPPE MIT ROASTBEEF

Himmlisch leicht und herrlich würzig

FÜR 2 PERSONEN

1 Stück Ingwer (ca. 1 cm)
1 Knoblauchzehe
400 ml Rinderfond
200 ml Gemüsebrühe
1 EL Fischsauce
1 ½ TL Lebkuchengewürz
1 TL Sambal Oelek
4 Frühlingszwiebeln
125 g Shiitakepilze
300 g Pak Choi
Salz
100 g Roastbeef-Aufschnitt
1 kleine Handvoll Minzeblätter
2 EL gesalzene geröstete Erdnüsse
1 Bio-Limette

ZUBEREITUNGSZEIT: 20 MIN.
PRO PERSON: CA. 190 KCAL
21 G EW, 6 G F, 12 G KH

1 Ingwer und Knoblauch schälen, fein würfeln und mit Fond, Brühe, Fischsauce, Lebkuchengewürz und Sambal Oelek in einem Topf zum Kochen bringen. Dann den Würzfond knapp unter dem Siedepunkt 5 Min. ziehen lassen.

2 Inzwischen die Frühlingszwiebeln putzen, waschen und in dicke Ringe schneiden. Die Pilze putzen und die Stiele entfernen, Pilzhüte nach Belieben halbieren. Pak Choi waschen und putzen, Stiele und Blätter klein schneiden.

3 Frühlingszwiebeln, Pilze und Pak-Choi-Stiele im Fond 3 Min. ziehen lassen. Pak-Choi-Blätter dazugeben und ebenfalls kurz ziehen lassen. Die Suppe eventuell mit wenig Salz würzen, nach Belieben noch etwas süßen (Info Seite 11).

4 Roastbeef in dünne Streifen schneiden. Mit Minze und Erdnüssen auf Suppenschalen verteilen. Die Suppe darübergießen. Limette heiß waschen und abtrocknen, vierteln und zum Selberwürzen mit der Suppe anrichten.

TIPP:
Pak Choi – eine zarte asiatische Kohlsorte, bei der sowohl Stiele als auch Blätter essbar sind – ist mittlerweile in allen gut sortierten Supermärkten erhältlich. Sollten Sie ihn nicht bekommen, sind in Streifen geschnittene Chinakohlblätter ein guter Ersatz.

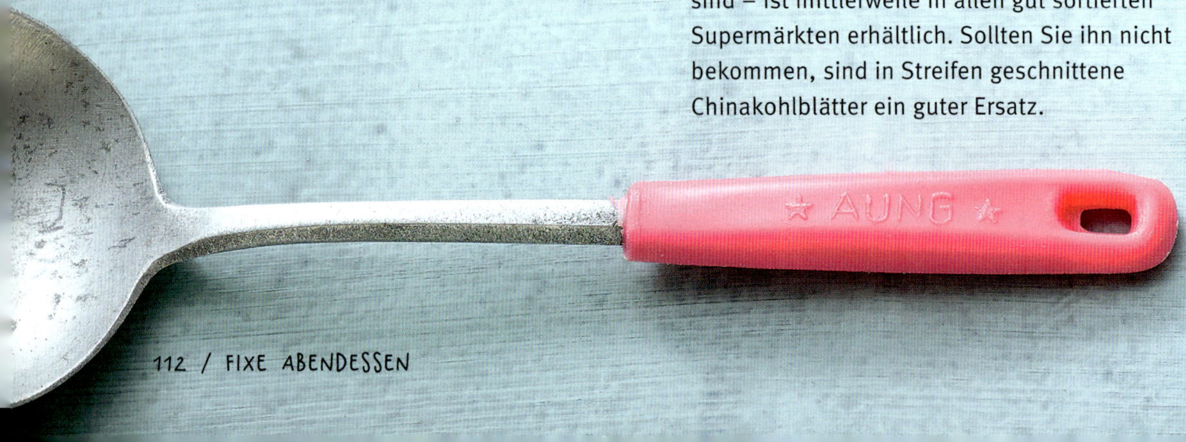

医道根源于“上帝”
传于黄帝
黄帝传医道于雷公
后世中医之始源
神授医术
医道传承仪式庄严隆重

spoon

LOW SWEETS

Für den süßen Zahn – Naschen ohne Reue

DIE SCHNELLEN 4 FÜR LOW-SWEET-DESSERTS

NÜSSE & MANDELN

Reich an Eiweiß, Vitaminen und Mineralstoffen | leider auch an Fett, daher möglichst täglich, aber nur in geringen Mengen genießen | geröstet entfaltet sich das Aroma am besten | Mandeln sind etwas kalorienärmer und machen recht lange satt | daher sind 3–4 Mandeln der ideale Snack für zwischendurch | gehackte Mandeln umhüllen **Erdnussmeteore** (Seite 124) | gemahlene Mandeln ersetzen Mehl in **Browniebröseln** (Seite 120) und **Blitzküchlein** (Seite 125) | ganze Mandeln sättigen im **Low-Carb-Müsli** (Seite 16) | Walnüsse sind die herb-nussige Ergänzung bei **Gewürzjoghurt mit Orangen** (Seite 122) und Kern der **Fleur-de-Sel-Crossies** (Seite 125) | im **Radieschen-Ziegenfrischkäse** (Seite 27) und als Topping für **Schokoquark** (Seite 18) schon am Morgen ein Genuss.

ZARTBITTERSCHOKOLADE

Zartbitterschokolade mit hohem Kakaoanteil von 85 % oder 90 % hat einen vergleichsweise geringen Anteil an Zucker bzw. Kohlenhydraten | um die Süßkraft zu erhöhen, kann – nach Wunsch – auf kohlenhydratfreie Süßstoffe (Seite 10) zurückgegriffen werden | Basis für Browniebrösel in der **Erdbeer-Schichtspeise** (Seite 120) | dunkler Überzug von Low-Carb-Pralinen wie **Erdnussmeteoren** (Seite 124) und **Fleur-de-Sel-Crossies** (Seite 125) | luftig als **Schokocreme** (Seite 124) | blitzschnell aus der Mikrowelle als **Blitzküchlein** (Seite 125) | für den kleinen Süßhunger am Morgen etwas gehackte Schokolade über mit Quark serviertes **Low-Carb-Müsli** (Seite 16), **Schoko-Tonkabohnen-Quark** (Seite 18) oder **Limettenjoghurt** (Seite 20) streuen.

CRÈME FRAÎCHE, SCHMAND & SAURE SAHNE

Überall blitzschnell zur Stelle, wo ein bisschen Cremigkeit vonnöten ist | wegen des relativ hohen Fettgehalts Crème fraîche und Schmand nur in Maßen genießen | bei Suppen oder Saucen die fettärmere saure Sahne erst gegen Ende einrühren, da sie sonst ausflockt | Crème fraîche macht schnelles **Himbeer-Mohn-Eis** (Seite 118) und **Heidelbeer-Minze-Eis** (Seite 119) zu einem cremigen Erlebnis | Schmand ist Butterersatz in **Blitzküchlein** (Seite 125) | saure Sahne gibt **Schokocreme** (Seite 124) eine leicht säuerliche Note | auch Basis für herzhafte Dressings, z. B. bei **Lachs-Carpaccio** (Seite 48) oder **Kohlrabisalat mit Matjes** (Seite 73) | mildert das herbe Grünkohlaroma im **Grünkohleintopf** (Seite 79) | cremiges i-Tüpfelchen in **Zucchini-Lauch-Suppe** (Seite 79).

BEEREN

Himbeeren, Brombeeren, Heidelbeeren und Erdbeeren enthalten im Vergleich zu anderen Obstsorten erstaunlich wenig Zucker und damit Kohlenhydrate | Himbeeren und Heidelbeeren sind auch als TK-Beeren super | Brombeeren und Erdbeeren lieber frisch genießen | reich an Vitaminen und Antioxidantien | TK-Himbeeren werden im Nu zu morgendlichem **Frappé** (Seite 22) oder zu **Eis** (Seite 118) gemixt, ebenso wie Heidelbeeren (Seite 119) | frische Himbeeren eskortieren ein herzhaftes Dessert aus **gratiniertem Brie** (Seite 126) auf perfekte Art | **Erdbeeren** erscheinen am liebsten fein **geschichtet** mit Browniebröseln (Seite 120) | jegliche frische Beeren sind eine willkommene Ergänzung zu mit Quark serviertem **Low-Carb-Müsli** (Seite 16) oder zu **Schoko-Tonkabohnen-Quark** (Seite 18).

4 X FRUCHTIGE EIS-QUICKIES ...

HIMBEER-MOHN-EIS

Für 2 Personen
Pro Person: ca. 260 kcal, 8 g EW, 21 g F, 10 g KH

150 g **TK-Himbeeren**, 80 g **Crème fraîche**, 70 g **Magerquark**, 20 g **gemahlenen Mohn** und 1 TL **Honig** in den elektrischen Blitzhacker geben. Noch etwas **süßen** (Info Seite 11) und mit dem Stabmixer fein pürieren. Das fertige Eis nach Belieben noch etwas nachsüßen und sofort genießen (oder noch für 10 Min. ins Tiefkühlfach stellen und dann servieren).

TIPP:

Für eine kalorienarme Variante statt Crème fraîche einfach Magerquark oder Naturjoghurt verwenden. Alle Fans extravaganter Eissorten ersetzen 50 g Crème fraîche durch 50 g Ziegenfrischkäse und ergänzen das Eis noch mit 1 TL fein gehacktem Rosmarin.

ZIEGENFRISCHKÄSE-EIS MIT FEIGEN

Für 2 Personen
Pro Person: ca. 315 kcal, 14 g EW, 19 g F, 19 g KH

120 g **Ziegenfrischkäse** (Rolle oder Taler) zerbröckeln, für mindestens 4 Std. ins Tiefkühlfach legen. 2 getrocknete **Soft-Feigen** (ca. 35 g) entstielen, würfeln und bis zur Verwendung kühl stellen. 2 EL **Sesamsamen** in einer Pfanne ohne Fett goldbraun rösten, dann auskühlen lassen. Gefrorenen Ziegenfrischkäse, Feigen, Sesam, 100 g kalten **Naturjoghurt** (1,8 % Fett), 10 g **Honig** und 1 Prise **Zimtpulver** im elektrischen Blitzhacker zu einem cremigen Eis mixen, dann noch etwas **süßen** (Info Seite 11). Das Eis sofort servieren (oder zuvor noch für 10 Min. ins Tiefkühlfach stellen). Tipp: Nach Belieben noch 100 g **Erdbeeren** waschen, putzen, in dünne Scheiben schneiden und dazu reichen.

..., die entweder sofort startklar zum Genuss sind oder nach blitzschneller Zubereitung vorm Dahinschmelzen erst noch etwas durchkühlen müssen.

HEIDELBEER-MINZE-EIS

Für 2 Personen
Pro Person: ca. 220 kcal, 6 g EW, 14 g F, 16 g KH

100 g **TK-Heidelbeeren**, 70 g **Crème fraîche**, 80 g **Magerquark**, ½ EL **Zitronensaft** und 1 TL **Honig** in den elektrischen Blitzhacker geben. 2 Stängel **Minze** abbrausen und trocken schütteln, die Blätter abzupfen und dazugeben. Noch etwas **süßen** (Info Seite 11) und fein pürieren. Das fertige Eis nach Belieben etwas nachsüßen und sofort genießen (oder noch für 10 Min. ins Tiefkühlfach stellen und dann servieren).

TIPP:

Das Eis schmeckt auch ganz hervorragend mit Zitronenmelisse statt mit Minze.

AVOCADO-BANANEN-EIS

Für 4 Personen
Pro Person: ca. 165 kcal, 5 g EW, 11 g F, 9 g KH

1–2 **Bananen** schälen, 100 g Fruchtfleisch abwiegen, in Scheiben schneiden und zugedeckt im Tiefkühlfach gefrieren lassen. 1 **Avocado** längs halbieren, entkernen, schälen und im elektrischen Blitzhacker mit 2 EL **Limettensaft** pürieren. Avocadocreme zugedeckt für 15 Min. in den Kühlschrank stellen. Je 100 g gekühlten **griechischen Joghurt** und **Magerquark** vor dem Verarbeiten ins Tiefkühlfach stellen (ebenfalls 15 Min.). Avocadocreme, Bananen und Joghurt mit 1 TL **Honig** im Blitzhacker fein pürieren. Das Eis noch etwas **nachsüßen** (Info Seite 11) und sofort genießen (oder noch für 10 Min. ins Tiefkühlfach stellen und dann servieren).

ERDBEER-SCHICHTSPEISE

Gut gebröselt ist halb gewonnen

FÜR 4 PERSONEN

2 EL geschrotete Leinsamen
6 EL gemahlene Mandeln
1 TL Backpulver
50 g Zartbitterschokolade
(85–90 % Kakao)
½ EL Öl
1 Ei (M)
50 g Magerquark
250 g Erdbeeren
1 TL brauner Zucker
¼ TL gemahlene Vanille
250 g griechischer Joghurt

ZUBEREITUNGSZEIT: 20 MIN.
+ 18 MIN. BACKEN
PRO PERSON: CA. 275 KCAL
10 G EW, 21 G F, 11 G KH

1 Den Backofen auf 150° vorheizen. Leinsamen, Mandeln und Backpulver mischen. In einem Topf bei schwacher Hitze die zerbröckelte Schokolade mit dem Öl schmelzen. Vom Herd nehmen, Ei, Mandelmischung und Quark dazugeben und alles glatt verrühren. Den Teig noch etwas süßen (Info Seite 11).

2 Den Schokoteig in eine kleine ofenfeste Form (ca. 12 × 12 cm) füllen und glatt streichen. Im Ofen (Mitte) 18–20 Min. backen.

3 Erdbeeren waschen, putzen und in dünne Scheiben schneiden. Mit dem Zucker mischen, nach Belieben noch etwas süßen (Info Seite 11).

4 Den Schokoteig aus dem Ofen nehmen und mit einer Gabel durch den Teig ziehen, sodass dieser zerbröselt, etwas abkühlen lassen.

5 Vanille über den Joghurt streuen. Joghurt nach Belieben leicht süßen (Info Seite 11) und glatt rühren, dann auf vier Dessertgläser verteilen. Die Schokobrösel daraufstreuen und die Erdbeeren darüberschichten.

GEWÜRZJOGHURT MIT ORANGEN

Orientalisch angehaucht

FÜR 2 PERSONEN

250 g griechischer Joghurt
je 1 Msp. Zimt- und Ingwerpulver (eventuell noch etwas mehr Zimt zum Bestäuben)
1 Msp gemahlener Kardamom (nach Belieben)
1 Orange
2 Feigen
30 g Walnusskerne

ZUBEREITUNGSZEIT: 10 MIN.
PRO PERSON: CA. 290 KCAL
7 G EW, 21 G F, 17 G KH

1 Den Joghurt mit Zimt, Ingwer und nach Belieben Kardamom glatt verrühren, nach Wunsch leicht süßen (Info Seite 11).

2 Die Orange filetieren. Dafür an Blüten- und Stielansatz je 1 Scheibe so abschneiden, dass das Fruchtfleisch zu sehen ist. Die Orange auf eine Schnittfläche stellen. Dann die gesamte Schale nach und nach in Streifen so herunterschneiden, dass die weiße Haut vollständig vom Fruchtfleisch der Orange entfernt wird.

3 Die Filets zwischen den Trennhäuten herausschneiden, dabei die Orange über eine Schüssel halten, um den austretenden Saft aufzufangen. Den restlichen Saft aus der Orange pressen (Filets und Saft ergeben ca. 150 g).

4 Feigen waschen, entstielen und in schmale Spalten schneiden. Walnüsse in grobe Stücke brechen. Den Joghurt auf zwei Dessertschalen verteilen. Feigen, Orangenfilets samt Saft und Walnüsse darauf verteilen, eventuell noch mit etwas Zimt bestäuben und servieren.

5

4 X REIZVOLLE SCHOKOSÜNDEN ...

SCHOKOCREME

Für 2 Personen
Pro Person: ca. 325 kcal, 11 g EW, 28 g F, 8 g KH

50 g **Zartbitterschokolade** (85 – 90 % Kakao) in einer Tasse im Wasserbad oder bei schwacher Hitze in der Mikrowelle schmelzen, dann kurz abkühlen lassen. 100 g **Magerquark** glatt rühren, 100 g **Sahne** mit ½ TL **gemahlener Vanille** steif schlagen und unterheben, dann die Schokolade unterziehen. Die Schokocreme **süßen** (Info Seite 11) und auf zwei Schälchen verteilen. Vorm Servieren 1 Stunde zugedeckt kühl stellen.

TIPP:

Für etwas Chilischärfe ½ rote Chilischote vor dem Schlagen der Sahne 1 Std. darin ziehen lassen, dann wieder entfernen. Für ein zartes Orangenaroma 1 – 2 TL abgeriebene Bio-Orangenschale unter den Quark rühren.

ERDNUSSMETEORE

Für 4 Personen
Pro Person: ca. 325 kcal, 12 g EW, 28 g F, 7 g KH

40 g **Erdnussmus** (ungesüßt) mit 50 g **Frischkäse** (fettreduziert mit Joghurt) und 30 g gesalzenen, gerösteten **Erdnüssen** verrühren. Die Masse etwas süßen (Info Seite 11), dann zugedeckt für 45 Min. ins Tiefkühlfach stellen.
50 g gehackte **Mandeln** in einer Pfanne ohne Fett hellbraun anrösten. 100 g **Zartbitterschokolade** (85 – 90 % Kakao) in einer Tasse im Wasserbad oder bei schwacher Hitze in der Mikrowelle schmelzen. Aus der Erdnuss-Frischkäse-Masse mit den Händen 16 kleine, etwas unregelmäßig runde Bällchen formen. Mit einer Gabel in die Schokolade tauchen und anschließend in den Mandeln wenden. Auf Küchenpapier fest werden lassen.

..., die Low-Carb-Schokoholikern den Tag retten, wenn der süße Zahn dringend wieder gefüttert werden möchte.

BLITZKÜCHLEIN

Für 2 Personen
Pro Person: ca. 285 kcal, 9 g EW, 20 g F, 17 g KH

In einem Schälchen 20 g gemahlene **Mandeln**, 1 EL **Weizenvollkornmehl**, 20 g **braunen Zucker** und 1 TL **Backpulver** mischen. In einem zweiten Schälchen 1 **Ei** (M), 50 g **Schmand**, 1 kleine Prise **Salz** und 2 EL **Kakaopulver** verrühren. Dann alles zu einem Teig verrühren, noch etwas süßen (Info Seite 11) und auf zwei Kaffeetassen verteilen. Je 1 Stückchen **Zartbitterschokolade** (85 – 90 %) in den Teig drücken. Die Tassen nacheinander in die Mikrowelle stellen und den Teig auf höchster Stufe (800 Watt) ca. 1 Min. backen, bis er schön aufgegangen und gegart ist, gegebenenfalls noch etwas länger garen. Die Küchlein aus den Tassen auf Teller gleiten lassen und servieren.

FLEUR-DE-SEL-CROSSIES

Für 2 Personen
Pro Person: ca. 290 kcal, 7 g EW, 26 g F, 7 g KH

Den Backofen auf 170° vorheizen. Darin je 6 **Mandeln** und **Walnusshälften** auf dem mit Backpapier ausgelegten Blech (Mitte) ca. 10 Min. rösten, dann herausnehmen und gut abkühlen lassen. 50 g **Zartbitterschokolade** (85 – 90 % Kakao) in einer Tasse im Wasserbad oder bei schwacher Hitze in der Mikrowelle schmelzen. ¼ TL **gemahlene Vanille** zur Schokolade geben, nach Belieben etwas süßen (Info Seite 11). Die Nüsse mithilfe einer Gabel in der Schokolade wenden und auf Backpapier auslegen. Mit 10 g gerösteten **Sesamsamen** und wenig **Fleur de Sel** bestreuen. Die Schokolade fest werden lassen, dann die Crossies vorsichtig vom Backpapier ablösen.

GRATINIERTER BRIE MIT HONIG

Für alle, die es nicht so süß mögen

FÜR 2 PERSONEN

- **1 Feige**
- **70 g Himbeeren**
- **150 g Brie-Käse**
- **1 möglichst kleiner Zweig Rosmarin**
- **2 TL Honig**
- **1 EL Pinienkerne**
- **Pfeffer** (nach Belieben)

ZUBEREITUNGSZEIT: 10 MIN.
+ 5 MIN GRATINIEREN
PRO PERSON: CA. 340 KCAL
18 G EW, 24 G F, 13 G KH

1 Den Backofengrill vorheizen. Die Feige waschen, entstielen und in dünne Scheiben schneiden. Die Himbeeren nur falls nötig waschen. Den Brie in knapp 1 cm dicke Scheiben schneiden. Den Rosmarin abbrausen, trocken schütteln und die Blättchen fein hacken.

2 Die Käsescheiben nebeneinander auf zwei ofenfeste Dessertteller legen. Je 1 Feigenscheibe auf jede Käsescheibe legen. Mit dem Honig beträufeln und dem Rosmarin bestreuen.

3 Die Himbeeren und die Pinienkerne locker darauf und daneben verteilen. Alles unter dem Backofengrill (Mitte) ca. 5 Min. gratinieren, bis der Käse geschmolzen ist und die Pinienkerne leicht gebräunt sind.

4 Die Teller vorsichtig aus dem Ofen nehmen und den gratinierten Brie nach Belieben noch mit etwas Pfeffer grob übermahlen, servieren.

TIPP:
Je nach Geschmack sind auch andere Sorten Weichkäse für dieses Rezept geeignet, etwa Ziegenkäserolle, Camembert oder Taleggio.

ZWETSCHGEN-CRUMBLE

Fruchtiges unter einer Knusperhaube

FÜR 2 PERSONEN

4 Zwetschgen
1 Msp. Zimtpulver
1 EL Sesamsamen
2 EL Weizenkleie
je 1 EL gemahlene und gehackte Mandeln
1 TL Weizenvollkornmehl
2 TL brauner Zucker
1 kleine Prise Salz
15 g Butter

ZUBEREITUNGSZEIT: 15 MIN.
+ 15 MIN. BACKEN
PRO PERSON: CA. 215 KCAL
5 G EW, 15 G F, 15 G KH

1 Den Backofen auf 200° vorheizen. Zwetschgen waschen, entsteinen und in schmale Spalten schneiden. Mit Zimt bestäuben und in zwei ofenfeste Portionsförmchen (ca. 8 cm Ø) füllen.

2 Sesam, Weizenkleie, die gemahlenen und gehackten Mandeln, Mehl, Zucker und Salz in einer Schüssel vermischen. In einem Topf die Butter schmelzen. Mandelmischung dazugeben und alles mit einem Holzkochlöffel zu groben Bröseln rühren.

3 Die Streusel auf den Zwetschgen verteilen. Crumbles im Ofen (Mitte) 13 – 15 Min. backen, bis die Streusel leicht gebräunt und knusprig sind. Kurz abkühlen lassen und noch warm servieren.

TIPP:
Zwetschgen passen perfekt zu Ziegenfrischkäse. Wer eine herzhafte Note in seinem Dessert liebt, zerbröckelt daher 20 g Ziegenfrischkäsetaler und verteilt den Käse vor dem Backen auf den Zwetschgenspalten. Dann die Streusel drüber und ab in den Ofen!

KOKOS-KÄSEKUCHEN

Ein Hauch Karibik für die Kaffeetafel

FÜR 1 SPRINGFORM (28 CM Ø, 12 STÜCKE)

500 g Magerquark
400 g Doppelrahm-Frischkäse
200 ml Kokosmilch
5 Eier (M)
50 g brauner Zucker
3 EL Stevia-Streusüße
1 TL gemahlene Vanille
4 EL Limettensaft
3 EL Speisestärke
3 EL Kokosraspel
Butter und Mehl für die Form

ZUBEREITUNGSZEIT: 20 MIN.
+ 1 STD. 25 MIN. BACKEN
+ KÜHLEN ÜBER NACHT
PRO STÜCK: CA. 240 KCAL
11 G EW, 17 G F, 10 G KH

1 Den Backofen auf 160° vorheizen. In den Boden der Springform Backpapier einspannen. Formrand einfetten und mit Mehl ausstreuen. Die Form umdrehen und überschüssiges Mehl abklopfen.

2 Alle Zutaten, bis auf die Kokosraspel, in eine Rührschüssel geben und mit den Quirlen des Handrührgeräts verrühren, bis keine Zuckerkristalle mehr zu sehen sind. Die Käsemasse noch bis zum gewünschten Grad süßen (Info Seite 11), in die Form füllen und glatt streichen.

3 Die Form in den Ofen (Mitte) schieben. Den Käsekuchen 1 Std. 10 Min. backen, dabei nach 30 Min. mit den Kokosraspeln bestreuen. Dann den Ofen ausschalten und den Kuchen noch weitere 15 Min. nachbacken lassen.

4 Fertigen Käsekuchen aus dem Ofen nehmen und auf einem Kuchengitter auskühlen lassen. Dann den Kuchen aus der Form lösen und am besten über Nacht zugedeckt kalt stellen.

TIPP:

Wer mag, serviert eine fruchtige Salsa dazu. Dafür 1 Papaya halbieren, entkernen, schälen und fein würfeln. 1 Nektarine waschen, entsteinen und ebenfalls fein würfeln. Beides mit 1 EL Limettensaft und 1 EL gehackter Minze verrühren. Nach Belieben noch etwas süßen (Info Seite 11), 10 Min. ziehen lassen, fertig.

TAGESPLÄNE JEWEILS FÜR 1 PERSON

4 x »FRISCH-IN-DEN-FRÜHLING«-TAGE

• **Morgens:** Low-Carb-Müsli (Seite 16), dazu 100 g Magerquark mit 50 ml Wasser angerührt und leicht gesüßt (Info Seite 11) sowie 100 g kleingewürfelte Papaya oder Erdbeeren | 235 kcal • **Mittags:** Zitronengrassuppe (Seite 78), zusätzlich 50 g Bio-Garnelen (gegart und geschält) mit der Suppe übergießen! | 265 kcal • **Abends:** Chililachs mit Spargel (Seite 92) | 465 kcal • **Zum Genießen zwischendurch:** Heidelbeer-Minze-Eis (Seite 119) | 220 kcal

• **Morgens:** Eiersalat (Seite 33) mit 1 Scheibe Low-Carb-Brot (Seite 24) | 370 kcal • **Mittags:** Spitzkohlsalat mit Halloumi (Seite 50) | 285 kcal • **Abends:** Orientalische Gemüsesuppe (Seite 109) | 290 kcal • **Zum Snacken zwischendurch:** Gemüsesticks (50 g Möhren, 200 g Salatgurke, ½ gelbe Paprikaschote) mit 2 Portionen Forellen-Frischkäse (Seite 26) als Dip | 165 kcal

• **Morgens:** 2 Scheiben Low-Carb-Brot (Seite 24) mit Radieschen-Ziegenfrischkäse (Seite 27), dazu noch 2 EL Frühlingszwiebelringe, 2 Radieschen in Scheiben und ½ Kästchen Gartenkresse | 305 kcal • **Mittags:** Spinatsalat mit Ei, mit Radieschen anstatt mit Tomaten (Seite 73) | 300 kcal • **Abends:** Frühlings-Minestrone (Seite 110) | 270 kcal • **Zum Genießen zwischendurch:** Lachs-Carpaccio (Seite 48) | 185 kcal

• **Morgens:** Himbeer-Frappé (Seite 22), für den Frischekick mit 4 Minze- oder Melisseblättchen | 230 kcal • **Mittags:** Möhrensalat mit Kichererbsen (Seite 72) | 335 kcal • **Abends:** Spitzkohlpfanne (Seite 95) | 430 kcal • **Zum Löffeln zwischendurch:** Zitronengrassuppe (Seite 78), dazu 50 g gewürfeltes Putenkassler | 265 kcal

4 X »LEICHT-UND-LECKER«-SOMMERTAGE

• **Morgens:** Schoko-Tonkabohnen-Quark (Seite 18) | 340 kcal • **Mittags:** Zucchini-Lauch-Suppe (Seite 79) | 365 kcal • **Abends:** Grillgemüse-Lasagne (Seite 104) | 320 kcal • **Zum Snacken zwischendurch:** Greek Sandwiches (Seite 66), dazu 1 Tomate in Spalten und 150 g Salatgurke in Sticks | 250 kcal

• **Morgens:** 2 Scheiben Low-Carb-Brot (Seite 24) mit Forellen-Frischkäse (Seite 26), dazu noch 2 Radieschen und ½ Tomate in Scheiben sowie 1 TL gehackten Dill | 290 kcal • **Mittags:** Gemüsesticks mit Quark (Seite 68) | 300 kcal • **Abends:** Halloumi-Puffer (Seite 94) | 335 kcal • **Zum Genießen zwischendurch:** Himbeer-Mohn-Eis (Seite 118), dazu 1 EL Schokostreusel (aus Zartbitterschokolade mit 85 – 90 % Kakao) | 285 kcal

• **Morgens:** Low-Carb-Müsli (Seite 16), dazu 100 g Magerquark mit 50 ml Wasser angerührt und leicht gesüßt (Info Seite 11) sowie 100 g kleingeschnittene Früchte (z. B. Beeren, Pfirsiche, Aprikosen) | 235 kcal • **Mittags:** Puten-Ziegenkäse-Cannelloni (Seite 74) | 370 kcal • **Abends:** Brokkolisalat mit Feta (Seite 50) | 335 kcal • **Zum Snacken zwischendurch:** Salatwraps mit Thunfisch (Seite 40) | 200 kcal

• **Morgens:** Frittata Caprese (Seite 32) | 300 kcal • **Mittags:** Kohlrabisalat mit Matjes (Seite 73) | 350 kcal • **Abends:** Garnelen-Currysuppe (Seite 108) | 350 kcal • **Zum Trinken zwischendurch:** Gurken-Kräuter-Ayran (Seite 23) | 135 kcal – Und wer es herzhaft mag: Ayran mit ¼ durchgepressten Knoblauchzehe oder für einen Lassi mit ½ TL Ingwerwürfel, 1 EL Koriandergrün und 3 – 4 Spritzern Limettensaft mixen.

4 x HERBSTLICHE »FIT-UND-VITAL«-TAGE

• **Morgens:** Choco-Coco-Chai-Latte (Seite 23) | 280 kcal • **Mittags:** Caesar-Schicht-Salat im Glas (Seite 70) | 445 kcal • **Abends:** Seelachs im Päckchen (Seite 98) | 320 kcal • **Zum Snacken zwischendurch:** 1 Scheibe Low-Carb-Brot (Seite 24) mit Kürbis-Mojo (Seite 26), dazu 30 g schwarze Oliven und je ½ gelbe Paprikaschote und rote Zwiebel in Streifen | 175 kcal

• **Morgens:** Veggie-Bread (Seite 28) | 345 kcal • **Mittags:** Möhrensalat mit Kichererbsen (Seite 72), nach Belieben orientalisch gewürzt mit gemahlenem Kreuzkümmel und Koriander | 335 kcal • **Abends:** Tofu mit Erdnusssauce (Seite 94) | 485 kcal • **Zum Genießen zwischendurch:** ½ Portion Kürbis-Papaya-Suppe (Seite 78) | 200 kcal

• **Morgens:** Strammer Massimo (Seite 33) | 370 kcal • **Mittags:** Kürbis-Papaya-Suppe (Seite 78) | 400 kcal • **Abends:** Hähnchenkeulen »Marokko« (Seite 106) | 570 kcal • **Zum Snacken zwischendurch:** Gurkenhappen mit Putenbrust (Seite 44) | 75 kcal

• **Morgens:** Avocado-Putenbrust-Stullen (Seite 30) | 325 kcal • **Mittags:** Gelbes Fischcurry (Seite 82) | 285 kcal • **Abends:** Bohnensalat mit Parmesan (Seite 51) | 310 kcal • **Zum Genießen zwischendurch:** Chicoréeschiffchen (Seite 45), nach Belieben pro Schiffchen – anstatt der Garnelen oder zusätzlich – mit je ½ TL Lachs- oder Forellenkaviar | 240 kcal

4 x »POWER-FÜR-KALTE-JAHRESZEIT«-TAGE

• **Morgens:** Quiche-Muffin (Seite 32), dazu 30 g Feldsalat | 320 kcal • **Mittags:** Kürbis-Papaya-Suppe (Seite 78), nach Belieben mit TK-Kürbis | 400 kcal • **Abends:** Zitronenhähnchen mit Spinat (Seite 90) | 410 kcal • **Zum Aufwärmen zwischendurch:** ½ Portion Veggie-Grünkohleintopf (Seite 79) | 190 kcal

• **Morgens:** 2 Scheiben Low-Carb-Brot (Seite 24) mit Paprika-Sesam (Seite 27), dazu ½ rote Zwiebel in Ringen, ½ dünn gehobelte Möhre und ½ Kästchen Gartenkresse | 305 kcal • **Mittags:** deftiger Wurstsalat mit Bohnen (Seite 72) | 265 kcal • **Abends:** Käsesuppe, ohne Schinken (Seite 108) | 360 kcal • **Zum Genießen zwischendurch:** Gewürzjoghurt mit Orangen (Seite 122) | 290 kcal

• **Morgens:** Green-Avocado-Smoothie (Seite 22), dazu 1 Möhre, ½ Apfel und 1 EL Kürbiskerne | 360 kcal • **Mittags:** Veggie-Grünkohleintopf (Seite 79) | 385 kcal • **Abends:** Spinat-Champignons (Seite 45) auf 50 g Feldsalat | 325 kcal • **Zum Knabbern zwischendurch:** Grünkohlchips (Seite 44) | 65 kcal

• **Morgens:** Limettenjoghurt mit Exoten (Seite 20) | 415 kcal • **Mittags:** Sauerkrautgratin (Seite 100) | 400 kcal • **Abends:** Vietnam-Suppe mit Roastbeef (Seite 112) | 190 kcal • **Zum Genießen zwischendurch:** ½ Portion Fleur-de-Sel-Crossies (Seite 125) | 145 kcal oder ½ Portion Erdnussmeteore (Seite 124) | 165 kcal

EINFACH GENIAL!
UND GENIAL
EINFACH!

MORGEN WILL ICH
MEHR DAVON ...

REGISTER VON A–Z

T

U

V

W

Z

IMPRESSUM

© Food & Nude Photography

Der Autor

Martin Kintrup hat seine Lust am Kochen, Essen und Genießen zum Beruf gemacht. Als Autor und Redakteur arbeitet er für mehrere Verlage und hat schon zahlreiche Kochbücher geschrieben. Bei GU besonders erfolgreich sind seine Titel »Vegetarisch für Faule« und »Vegan für Faule«.

Die Fotografin

Coco Lang fotografiert Food und Stills in ihrem Werkstattstudio direkt am Münchner Viktualienmarkt. Mit kreativem Elan geht sie ans Werk und beeindruckt immer wieder mit überraschenden Ideen und feinem Gespür fürs Detail. Für dieses Buch hat sie gemeinsam mit Foodstylist Sven Dittmann die Low-Carb-Küche ins rechte Licht gerückt.

Bildnachweis
Alle Fotos: **Coco Lang,**
außer Autorenfoto:
Food & Nude Photography

Syndication:
www.jalag-syndication.de

Projektleitung:
Sabine Sälzer

Lektorat, Satz/DTP, Gestaltung:
Redaktionsbüro Christina Kempe, München

Umschlag und Gestaltung:
independent Medien-Design, Horst Moser, München

Fotografie: **Coco Lang**
Foodstyling: **Sven Dittmann**
Requisite: **Ina Erdmann**
Bildbearbeitung: **SONGVAN**

Korrektorat:
Adelheid Schmidt-Thomé

Herstellung:
Renate Hutt

Repro:
Longo AG, Bozen

Druck und Bindung:
Printer Trento S.r.l., Trento

ISBN 978-3-8338-4663-2

1. Auflage 2015

Backofenhinweis
Die Backzeiten können je nach Herd variieren. Die Temperaturangaben beziehen sich auf das Backen im Elektroherd mit Ober- und Unterhitze und können bei Gasherden oder Backen mit Umluft abweichen. Details entnehmen Sie bitte Ihrer Gebrauchsanweisung.

QUALITÄTS GU GARANTIE

Liebe Leserin, lieber Leser,

haben wir Ihre Erwartungen erfüllt? Sind Sie mit diesem Buch zufrieden? Haben Sie weitere Fragen zu diesem Thema? Wir freuen uns auf Ihre Rückmeldung, auf Lob, Kritik und Anregungen, damit wir für Sie immer besser werden können.

GRÄFE UND UNZER Verlag
Leserservice
Postfach 86 03 13
81630 München
E-Mail:
leserservice@graefe-und-unzer.de

Telefon: 00800 / 72 37 33 33*
Telefax: 00800 / 50 12 05 44*
Mo–Do: 8.00–18.00 Uhr
Fr: 8.00–16.00 Uhr
(gebührenfrei in D, A, CH)*

Ihr GRÄFE UND UNZER Verlag
Der erste Ratgeberverlag – seit 1722.

www.facebook.com/gu.verlag

GRÄFE UND UNZER

Ein Unternehmen der
GANSKE VERLAGSGRUPPE